10 000 Palabras Más Usadas en Inglés:

Aprende a Escribir, Pronunciar y Comunicarte con Fluidez Efectivamente – Aprende inglés para Principiantes Básico, Intermedio y Avanzado

Roger Sinclair At

"Aprender un nuevo idioma es como convertirse en otra persona". - Haruki Murakami

"Aprender un nuevo idioma es como convertirse en otra persona". - Haruki Murakami

Contenido

Prólogo

Domina el inglés de una vez por todas. Si has invertido tiempo y esfuerzo en aprender este hermoso idioma, pero los errores gramaticales y la falta de fluidez aún te desafían, este libro es para ti.

"10,000 Palabras Más Usadas en Inglés "es tu guía definitiva para desarrollar habilidades sólidas en este idioma de una vez para siempre. Aprenderás el significado y la pronunciación precisa de las palabras más usadas realmente por un nativo, junto con los ejemplos más prácticos que te permitirán aplicar tus conocimientos en situaciones reales.

No tendrás más inseguridad al hablar o pronunciar incorrectamente. Este libro te conducirá hacia la fluidez que siempre has deseado, abriendo nuevas oportunidades tanto en tu vida personal como profesional.

Prepárate para comunicarte con confianza y claridad en inglés sin el miedo al que dirán.

En este libro aprenderás:

- ***Las palabras más usadas en inglés***
- ***Las expresiones más usadas en inglés***
- ***Significado y pronunciación precisa***
- ***Asimilación natural***

La importancia de aprender el idioma inglés

Vivimos en un mundo cada vez más globalizado, por lo que aprender este idioma ya no es un lujo. Al día de hoy es una habilidad indispensable. No solo extiende nuestras oportunidades en el ámbito laboral y profesional, sino que nos permite sumergirnos en múltiples culturas y establecer conexiones comerciales y afectivas. A continuación, mostraré las ventajas de aprender inglés 100%.

Ventajas reales:

1) En el ámbito profesional e internacional:

Dominar este idioma, nos da acceso automáticamente a mejores oportunidades laborales, es decir, ganas más dinero. Debido a que el mercado laboral es cada vez más competitivo, por no decir todas, para puestos de alto perfiles las empresas prefieren empleados con habilidades lingüistas, especialmente el inglés. De hecho, contar únicamente con fluidez en este idioma te permitirá acceder a puestos altos y por ende más remuneración económica.

2)Una comunicación más efectiva en ambientes multiculturales:

Esencial para los negocios. En un mundo empresarial totalmente globalizado, el inglés se ha convertido en el idioma clave para el comercial internacional. Saber este idioma le permitirá comunicarse efectivamente con clientes, socios o de trabajo entre personas de diferentes países.

*3)***Grandes oportunidades de trabajar en el extranjero:** si tiene ambiciones de trabajar en el extranjero, este idioma se convierte en un requisito indispensable. Muchos países y empresas, especialmente los económicamente desarrollados, requieren profesionales que tengan un buen conocimiento del inglés fluido. Si aprendes este idioma, estarás listo para aprovechar las oportunidades de trabajo en el extranjero y adaptarse más rápido al entorno laboral internacional, con un alto incentivo.

4) **En Educación:**

Muchos institutos de renombre internacional utilizan el inglés como medio de instrucción. Aprender inglés abre la puerta a una educación de calidad en universidades de todo el mundo y brinda acceso a recursos y oportunidades educativas en una variedad de campos, que en otro idioma no es fácil encontrar. Se estima que todos los recursos de alto nivel educativo están en inglés.

5) Viajes e inmersión a otras culturas:

El inglés se habla ampliamente en todo el mundo y se utiliza para el turismo en todos los países. Saber inglés nos permite comunicarnos bien cuando viajamos, explorando diferentes culturas y sumergiéndonos en experiencias auténticas. Se estima que más de 1550 millones de personas hablan este hermoso idioma.

6)Para mejorar sus habilidades generales de comunicación:

Aprender este idioma no solo te permitirá comunicarte con angloparlantes, sino que también mejorará tus habilidades de comunicación. El inglés es conocido por su estructura clara, concisa y elegante, que te ayuda a organizar tus pensamientos y expresarte de manera efectiva en cualquier idioma que desees. Además, aprender inglés también mejora habilidades como el pensamiento crítico, la resolución de problemas y la flexibilidad en la comunicación real.

Aprender de Manera Natural este idioma:

Cuantiosos gurús de los idiomas han hecho creer durante décadas prometiéndote aprender inglés mediante complejos cursos de estudio, pero déjame decirte que eso es totalmente falso. Cuando niños, todos aprendimos nuestro idioma sin ir a clases para aprenderlo. Cuando fuimos a la escuela ya hablábamos el idioma con fluidez. ¿Y sabes cómo lo aprendimos?   escuchando palabras y frases de nuestros padres todos los días. Y esa es la clave de aprender un idioma naturalmente, estar expuestos a las expresiones.

La verdad es que, Para hablar bien inglés, necesitas aprender las palabras y frases que los hablantes nativos usan todos los días, y no concentrándose en estudiar libros con gramática a modo que nunca se suele usar de esa manera en la vida real. A diferencia de otros métodos de enseñanza que se enfocan en las reglas gramaticales y el vocabulario a modo, el aprendizaje natural significa aprender el idioma como lo hace el hablante. Esto incluye sumergirse en una versión real del idioma inglés escuchando música, viendo películas, leyendo libros y practicando conversaciones reales con hablantes nativos. Obviamente en este libro, están todas las expresiones y palabras más usadas por los nativos. Y será importante complementarlo con lo de arriba mencionado.

La manera de estudiar esta guía:

Palabra en español   + Palabra en inglés + **pronunciación fonética sencilla**

Carro   Car   *(Kar o c-a-r)

Es importante recordar que la pronunciación exacta puede variar ligeramente dependiendo del acento y la región de cada país. Igual puede variar en los acentos hispanohablantes al pronunciar el inglés. Pero lo importante es que lo practiquen.

Preferí usar la pronunciación Satfa simplificada por una razón. En general, el Sistema de Transcripción Fonética Estadounidense (SATFA) es más fácil para los hispanohablantes porque la mayoría de los sonidos en SATFA son similares a los sonidos del español. Por ejemplo

Orange   Naranja   *(oranch) *(pronunciación de fonética sencilla SATFA)

Carro   car   /car/ se pronunciaría como [kɑːr] (en la pronunciación de fonética difícil (AFI).

Evite toda clase de tecnicismos y explicaciones. Y el porqué de esto, fue como lo expliqué en la parte de arriba, este método de inmersión al inglés, es el más efectivo que existe para la asimilación del idioma en tiempo récord. Con el sistema de memorización natural.

Fin

Por tanto, aprender inglés es un factor transcendental en nuestro desarrollo personal y profesional. Ya que nos abre nuevas y enormes oportunidades, nos conecta con personas de diferentes culturas y nos permite ampliar nuestros horizontes. Al aprender las palabras y frases que usan los hablantes nativos y emplearlos de manera natural, podemos aprender el idioma de manera efectiva y rápida.

¡Disfrútalo!

Profesor internacional

Mas de 9 mil alumnos han aprendido este hermoso idioma siguiendo su método

Roger Sinclair At

Capítulo 1

Saludos y presentaciones y despedidas más usadas en inglés

Saludos más usados en inglés

En Español   En Inglés   (como pronunciar la palabra o expresión)

1. Hola   -   Hello -   [jelou]
2. ¡Hola!   - Hi! -   [jai]
3. Buenos días   - Good morning   - [gud mórning]
4. Buenas tardes   - Good afternoon   - [gud aftérnun]
5. Buenas noches   - Good evening/Goodnight   - [gud ívning/gudnáit]
6. ¿Cómo estás?   - How are you?   - [jau ar yiu?]
7. ¡Buenas! ¿Cómo estás?   - Hey! How are you?   - [jey! jau ar yiu?]

8. ¿Qué tal?   - How's it going?   - [háuz it góuin?] **Informal**
9. ¿Qué pasa?   - What's up?   - [wats ap?] **Se usa para saludar informalmente**
10. ¿Qué tal? ¡Buenos días!   Hows it going? Good morning! - [háuz it góuin? gud mórning!] ***Informal saludo***

11. ¡Buenas!   - Hey!   - [jey]
12. Buenos días, ¿qué pasa?   Good morning, what's up? - [gud mórning, wu-ats ap?]
13. Buenas noches, ¿qué tal?   - Good evening, how's it going?   - [gud ívning, háuz it góuin?]

Ejemplo de Presentaciones más utilizadas:

14. Mi nombre es Noe   - My name is Noe   - (mai neim is noe)

15. Mucho gusto   - Nice to meet you   - [nais tu mit yiu]
16. Encantado/a   - Pleased to meet you - [plízd tu mit yiu)*Puede usarse yiu o iu para pronunciar You)

17. Soy de California   - I'm from California   [aim from california]
18. Me presentaré yo misma   - I will introduce myself -   (ai wu-íl intródyus maiself)
19. Encantada /o de conocerte. - Nice to meet you. - [nais tu mit iu]
20. Me presentaré yo misma. Soy Anna. - I will introduce myself. I'm Ana. - (ai wu-íl intródyus maiself. aim an)

Despedidas

21. Hasta luego   - See you later   - [siu iu leiter]*La t puedes pronunciarla como t o r.
22. Nos vemos   - See you   - [siu iu]
23. Adiós   - Goodbye   - [gudbai]
24. Hasta pronto   - See you son   - [siu iu sun]

25. Que tengas un buen día   - Have a nice day - [jav a nais déi] *Recuerda que las v pueden pronunciarse ligeramente como f.
26. Cuídate   - Take care   - [teik kér]
27. Que tengas un buen viaje   - Have a safe trip   - [jav a seif trip]
28. Hasta mañana   - See you tomorrow   - [siu iu tumórou]
29. Hasta luego, que tengas un buen día. - See you later, have a nice day. - [siu iu leiter, jav a nais déi]

30. Que tengas un buen día, nos vemos mañana. - Have a nice day, see you tomorrow. - [jav a nais déi, siu iu tumórou]
31. Hasta luego, cuídate.   - See you later, take care. - [siu iu leiter, teik kér]
32. Nos vemos, que tengas un buen viaje. - See you, have a safe trip. - [siu iu, jav a seif trip]

33.   Adiós, nos vemos pronto. - Goodbye, see you soon. - [gudbai, siu iu sun]
34.   Cuídate, hasta pronto.   - Take care, see you soon.   - [teik kér, siu iu sun]

Capítulo 2
Números y matemáticas básicas en inglés

Números:

Palabra en ingles	Palabra en español	Pronunciación fonética en inglés
35. 1 - Uno	- One	- [wu-án]
36. 2 - Dos	- Two	- [tu]
37. 3 – Tres	- Three	- [thrí]
38. 4 – Cuatro	- Four	- [fór]
39. 5 – Cinco	- Five	- [fáiv]
40. 6 - Seis	- Six	- [síks]
41. 7 - Siete	- Seven	- [séven]
42. 8 – Ocho	- Eight	- [éit]
43. 9 - Nueve	- Nine	- [náin]
44. 10 – Diez	- Ten	- [ten]
45. 0 - Cero	- Zero	- [zíro]

46. Tengo uno perro en casa. - I have one dog at home. - [ai hav wuán dóg at jóm] ***la v al final de hav puede pornunciarse como jaf o jav o hav)**
47. Compré dos boletos para el concierto.   - I bought two tickets for the concert.   - [ai bot tu tíkets for de kónsert]
48. Mi hermana tiene tres hijos. - My sister has three children. - [mai síster ház zrí chíldren]
49. Hay cuatro sillas en la sala.   - There are four chairs in the living room. - [der ár fór chérs in de líving rúm]
50. Tengo cinco hermanos. - I have five siblings. - [ai jav fáiv síblings]

51. Mi hijo cumple seis años mañana. - My son turns six tomorrow. - [mai sán terns síks tumórou]

52. La tienda abre a las siete de la mañana. - The store opens at seven in the morning. - [de stór ópenz at séven in de mórning]

53. Tengo ocho hermanas. - I have eight sisters. - [ai hav éit sísters]

54. Tengo nueve días de vacaciones. - I have nine days of vacation. - [ai hav náin déis of vekéishen]

55. Voy a llegar a las diez de la mañana. - I will arrive at ten in the morning. - [ai wil aráif at ten in de mórning]

56. 20 - Veinte - Twenty - [tuénti]

57. 30 - Treinta - Thirty - [theri]

58. 40 - Cuarenta - Forty - [fór-ti]

59. 50 - Cincuenta - Fifty - [fíf-ti]

60. 60 - Sesenta - Sixty - [síksti]

61. 80 - Ochenta - Eighty - [éi-ti]

62. 90 - Noventa - Ninety - [náin-ti]

63. 100 - Cien - One hundred - [wu-an jándréd]

64. 1000 - Mil - One thousand - [wan tháu-zend]

65. 10,000 - Diez mil - Ten thousand - [ten tháu-zend]

66. 1,000,000 - Un millón - One million - [wu-an mi-líon] **la w puede pronunciarse entre uan o guan)**

Para añadir un numero por ejemplo vasta con añadir el número indicado, 21 Twenty one, 22 Thenty two… y así sucesivamente.

Operaciones matemáticas básicas

67. *Suma - Addition - [adíshon]*

68. Dos más dos son igual a cuatro. - Two plus two equals four. - [tu plas tu í-kwols fór]

69. ***Resta - Subtraction - [sábs-trák-shon]***
70. Diez menos cinco es igual a cinco. - Ten minus five equals five. - [ten mi-nes fáiv í-kwols fáiv]

71. ***Multiplicación - Multiplication - [múl-ti-pli-kéi-shon]***
72. Tres por cuatro es igual a doce. - Three times four equals twelve. - [zríms fór í-kwols twélv]

73. ***División - Division - [di-ví-zhun]***
74. Ocho dividido entre dos es igual a cuatro. - Eight divided by two equals four. - [éit di-vái-ded bái tú í-kwols fór]

75. ***Igual - Equal - [í-kuol]***
76. El resultado es igual a cincuenta. - The result is equal to fifty. - [de ri-zúlt is í-kuol tu fíf-di]

77. ***Mayor que - Greater than - [gréi-ter dan]***
78. Diez es mayor que cinco. - Ten is greater than five. - [ten is gréi-ter dan fáiv]

79. ***Menor que - Less than - [lés dan]***
80. Tres es menor que seis. - Three is less than six. - [zrí is lés dan siks]

81. Mayor o igual que   - Greater than or equal to - [gréi-ter zan or í-kwol tu]
82. Veinte es mayor o igual que diez. - Twenty is greater than or equal to ten. - [twénti is gréi-ter dan or í-kwol tu ten]

83. Menor o igual que   - Less than or equal to   - [lés dan or í-kwol tu]
84. Siete es menor o igual que diez. - Seven is less than or equal to ten. - [séven is lés dan or í-kwol tu ten]

Capítulo 3

Días de la semana y Meses del año

Los Días de la semana:

85. Lunes   - Monday   - [mán-dei]
86. Martes   - Tuesday   - [tíu-zdei]
87. Miércoles   - Wednesday - [wénz-dei]
88. Jueves   - Thursday   - [zérz-dei]
89. Viernes   - Friday   - [frái-dei]
90. Sábado   - Saturday   - [sát-er-dei]
91. Domingo -   Sunday   - [sán-dei]

Expresiones muy comunes en ingles usando las palabras de arriba:

92. Hoy es lunes y tengo mucho trabajo. - Today is Monday and I have a lot of work. - [tudéi is mán-dei and ai jaf e lát of wu-ərk]
93. Mañana es martes y tengo una reunión. - Tomorrow is Tuesday and I have a meeting. - [tu-mó-rou is tíu-zdei and ai haf e mí-ting]
94. El miércoles es el día de limpiar la casa. - Wednesday is cleaning day for the house. - [wénz-dei is klin-ing deɪ for di jaus]
95. El jueves voy al gimnasio. - On Thursday, I go to the gym. - [on thérz-dei ai goʊ tu di yím]
96. Mañana es viernes y salgo temprano del trabajo. - Tomorrow is Friday and I leave work early. - [tu-mó-rou is frái-dei and ai lif wu-erk erli]
97. El sábado iré de compras. - On Saturday, I will go shopping. - [on sarudei ai wu-il gou shoping]
98. El domingo es un día de descanso. Sunday is a day of rest. (sandei is a dei of rest)

99. Voy a visitar a mi familia el fin de semana. - I'm going to visit my family on the weekend. - [aim gouɪŋ tu vɪ-zɪt maɪ fei-mí-li on di wik-ɛnd]

Los Meses del año:

100. Enero   - January - [yán-yu-éri]
101. Febrero   - February - [féb-ru-éri]
102. Marzo   - March - [márch]
103. Abril   - April - [éi-pril]
104. Mayo   - May - [méi]
105. Junio   - June - [yún]
106. Julio   - July - [yú-lái]
107. Agosto   - August - [á-gəst]
108. Septiembre   - September - [sép-tém-bər]
109. Octubre   - October - [ɑk-tóu-bər]
110. Noviembre   - November - [nó-vém-bər]
111. Diciembre   - December - [di-sém-bər]

Oraciones practicas

112. En enero celebramos el Año Nuevo. - In January, we celebrate New Year's. - [in yán-yu-éri, wu-i sél-e-bréit yanuari]
113. En febrero hace mucho frío. - In February, it's very cold. - [in féb-ru-éri, its véri kóuld]
114. Marzo es el mes de la primavera. - March is the month of spring. - [márch is da mánd if espring]
115. En abril empieza la temporada de lluvias. - In April, the rainy season begins. - [in éi-pril, di réi-ni sí-zon bi-gíns]
116. mayo es un mes muy bonito para viajar. May is a very beautiful month for traveling. [Mei is e véri byú-ti-ful múnz for tré-vuh-ling]
117. En junio empieza el verano. - In June, summer begins. - [in yú, somer begins]
118. Julio es un mes caluroso   -   July is a hot month. - [Yú-lái is e ját múnz]

119. Agosto es un mes caluroso. - August is a hot month. - [á-gəst is a hat mond)

120. En septiembre comienza el otoño. - In September, autumn begins. - [in sép-tém-bər, atom begins]

121. Octubre trae consigo el cambio de hojas. - October brings the change of leaves. - [ɑk-tóu-bər bríŋz di cheich of lifs]

122. En noviembre celebramos el Día de Acción de Gracias. - In November, we celebrate Thanksgiving. - [in nó-vém-bər, wu-i sél-e-bréit thanksgifing)]

123. En diciembre se celebra navidad. Christmas is celebrated in December. (cristmas is celebreit in dicember)

Capítulo 4
Formas geométricas y colores más usados en inglés

Colores:

124. Azul   - Blue   - [blu]
125. Rojo - Red - [red]
126. Negro - Black - [blak]
127. Verde - Green - [grin]
128. Rosa - Pink - [pink]

129. Naranja - Orange - [ó-ranch]
130. Gris - Gray - [gréi]
131. Blanco - White - [wuá-it]
132. Marrón - Brown - [bráun]

133. Amarillo - Yellow - [yél-ou]
134. Morado /Lila   - Purple - [per-pol]

Formas:

135. Círculo - Circle - [sér-kol]
136. Cuadrado - Square - [eskuer]
137. Triángulo - Triangle - [trái-ăng-gəl]
138. Rectángulo - Rectangle - [rék-tăng-gol]
139. Ovalado - Oval - [ó-vəl]

140. Estrella - Star - [stár]
141. Diamante - Diamond - [dái-mond]

142. Hexágono - Hexagon - [hék-se-gon]

143. Octágono - Octagon - [ákt-e-gon]

144. Esfera - Sphere - [sfíer]

145. Cubo - Cube - [kiúb]

146. Elipse - Ellipse - [e-láips]

147. Trapecio - Trapezoid - [tre-pí-zoid]

148. Rombo - Rhombus - [róm-bes]

149. Pentágono - Pentagon - [pén-te-gon]

150. Heptágono - Heptagon - [hép-te-gon]

151. Nonágono - Nonagon - [nón-e-gon]

152. Decágono - Decagon - [dé-ke-gon]

153. Polígono - Polygon - [pó-le-gon]

154. Esferoide - Spheroid - [sfíe-roid]

155. Cilindro - Cylinder - [sí-len-dər]

156. Cono - Cone - [kóun]

157. Pirámide - Pyramid - [pír-e-mid]

158. Prismas - Prisms - [príz-emz]

Ejemplos del vocabulario

159. El cielo es azul. - The sky is blue. - [de skái is blu]

160. Me gusta el color rojo de esa camiseta. - I like the red color of that shirt. - [ai laik de red kolor of dat shirt]

161. Ese coche es negro y elegante. - That car is black and elegant. - [dat kár is blak and él-i-gant]

162. Los árboles están llenos de hojas verdes. - The trees are full of green leaves. - [de trís ar fúl of grin lífvs]

163. Mi hermana tiene una falda rosa muy bonita. - My sister has a very pretty pink skirt. - [mai sís-ter has e véri prí-ri pink skert]

164. Me gustan las naranjas, son jugosas y dulces. - I like oranges, they are juicy and sweet. - [ai laik oranches, dei ar yus and suit]

165. El gato es de color gris y tiene los ojos verdes. - The cat is gray and has green eyes. - [de kát is gréi and has grin áis]

166. La nieve es blanca. - The snow is white. - [de snóu is wá-it]

167. El chocolate tiene color marrón/cafe. - Chocolate has a brown color. - [chó-ko-lət has ə braun kálor]

168. El sol brilla en el cielo con un intenso color amarillo. - The sun shines in the sky with a bright yellow color. - [de san sháinz in de skái with ə bráit yél-ou kolor]

169. Me encanta ese vestido morado. - I love that purple dress. - [ai láfv dat pər-pol dres]

170. El círculo es una forma geométrica perfecta. - The circle is a perfect geometric shape. - [de sér-kel is a per-fékt yi-o-mét-rik sheip]

171. La caja es cuadrada. The box is square. (di bokx is escuer)

172. El triángulo tiene tres lados. -   The triangle has three sides. — (di triangel jas tri saids)

173. El rectángulo es un paralelogramo con cuatro ángulos rectos. - The rectangle is a parallelogram with four right angles. - [de rék-tăng-gəl is ə pə-ré-lə-ló-gram with fór rait áng-gəlz]

174. El óvalo es una forma curva y suave. - The oval is a curved and smooth shape. - [de ó-vəl is ə kərvd and smuuz sheip]

175. La estrella brilla en el cielo durante la noche. - The star shines in the sky during the night. - [de stár sháinzen de skái dú-ring de náit]

176. Los diamantes cuentan muchos millones. Diamonds count many millions. (daimons caunt meni milions)

177. El hexágono tiene seis lados. - The hexagon has six sides. - [de hék-sə-gən has siks sáids]

178. Un octágono tiene ocho lados. - An octagon has eight sides. - [ən ákt-ə-gən has eit sáids]

179. La esfera es una forma redonda y simétrica. - The sphere is a round and symmetrical shape. - [de sfíər is ə ráund and si-mé-tri-kə sheip]

180. Un cubo tiene seis lados. A cube has six sides. (e kiub jas a sikx saids)

Capítulo 5
Objetos y utensilios cotidianos más usados en ingles

181. Refrigerador - Refrigerator - [ri-frí-yə-réi-tər]
182. Estufa - Stove - [stóuv]
183. Horno - Oven - [óu-vən]
184. Lavadora - Washing machine - [wua-shing má-shin]
185. Secadora - Dryer - [drái-ər]
186. Microondas - Microwave - [mái-krou-wéiv]
187. Tostadora - Toaster - [tóu-stər]

Ejemplos prácticos

188. El refrigerador está lleno de comida.   - The refrigerator is full of food. - [di ri-fri-ye-rei-ter is ful of fud]
189. Enciende la estufa para freir los huevos. - Turn on the stove to fry the eggs. -   (tern on da estov tu frai di egs)
190. Pon el pollo en el horno y déjalo cocinar. - Put the chicken in the oven and let it cook. - [put de chi-ken in de o-ven and ler it kuk]
191. Yo lavo la ropa en la lavadora. – I Wash the clothes in the washing machine. - [ai wuosh de klods in de wuoshing ma-shin]
192. La secadora sirve para secar la ropa. The dryer is used to dry clothes. (di draier is iusd tu drai clouhts)
193. Calienta el agua en el microondas. - Heat the water in the microwave. - [hit de wa-ter in de maik-ro-wu-eiv]
194. Tuesta el pan en la tostadora. - Toast the bread in the toaster. - [tost de bred in de tos-ter]

195. Mesa - Table - [téi-bol]
196. Silla - Chair - [chéer]
197. Sofá - Sofa - [sóu-fa]
198. Cama - Bed - [bed]
199. Armario - Wardrobe - [wu-ar-dróub]

200. Televisor - Television - [tɛ-lə-ví-zhen]

Ejemplos prácticos:

201. Mesa - La mesa de la cocina es de madera. - The kitchen table is made of wood. - [di kít-shen téi-bol iz meɪd 0f wʊd]
202. **Silla** - Me gusta sentarme en la silla cómoda. - I like sitting on the comfortable chair. - [aɪ laɪk sɪt-ɪŋ ɑn di kəm-fer-te-bol chéer]
203. **Sofá -** El sofá de la sala es muy grande y cómodo. - The living room sofa is very large and comfortable. - [di livin ruum soufa is veri larch end confortabol]
204. **Cama -** Necesito comprar una cama nueva. - I need to buy a new bed. - [aɪ nid tu baɪ ə niu bɛd]
205. **Armario -** Guardo mi ropa en el armario del cuarto. - I keep my clothes in the wardrobe in the room. - [aɪ kip maɪ klóʊths ɪn də wu-ar-dróub ɪn de rum]
206. **Televisor** - Me encanta ver películas en el televisor de pantalla grande. - I love watching movies on the big-screen television. - [ai lov guaching muvis on da big escreen tɛ-lə-ví-zhən]

207. Cuchara - Spoon - [spun]
208. Taza - Cup - [kʌp]
209. Botella - Bottle - [bɑ-rel]
210. Cepillo de dientes - Toothbrush - [tút-brʌsh]
211. Pasta de dientes - Toothpaste - [túthpeɪst]
212. Jabón - Soap - [soʊp]

Ejemplos prácticos

213. Necesito una cuchara. - I need a spoon. [aɪ nid a espun]
214. Mi taza de café está vacía. - My cup of coffee is empty. [maɪ kʌp of cofi is emti]
215. Compré una botella de agua en el supermercado. - I bought a bottle of water at the supermarket. [ai both a bore lof guorer at di supermarket)]

216. No puedo encontrar mi cepillo de dientes. - I can't find my toothbrush. [aɪ kænt faɪnd maɪ túbrash]
217. Por favor, trae la pasta de dientes. - Please bring the toothpaste. [pliz brɪŋ di tuthpeist peɪst]
218. El jabón está en el lavabo del baño. - The soap is in the bathroom sink. [di soup is in the bathrum sɪŋk]

219. Champú - Shampoo - [shæm-pu]
220. Toalla - Towel - [táu-el]
221. Papel higiénico - Toilet paper - [tɔɪ-lət pái-pər]
222. Cepillo para el cabello - Hairbrush - [hɛr-brʌsh]
223. Peine - Comb - [koʊm]

Ejemplos Prácticos

224. Necesito comprar champú para lavarme el cabello. - I need to buy shampoo to wash my hair. [aɪ nid tu baɪ shampu tu guosh mai heer]
225. Por favor, pasa la toalla. - Please pass the towel. [pliz pass di tauel]
226. Se acabó el papel higiénico en el baño. - The toilet paper in the bathroom ran out. [ði ˈtoɪ-lət ˈpái-pər ɪn ðe ˈbætrum ran aut]
227. Mi cepillo para el cabello se ha extraviado. - My hairbrush is missing. [maɪ ˈhɛr-brash ɪz ˈmɪsɪŋ]
228. ¿Dónde está mi peine? - Where is my comb? [wu-ɛr ɪz maɪ koʊm]

229. Espejo - Mirror - [mí-rer]
230. Reloj - Clock - [klɑk]
231. Teléfono - Telephone - [tél-e-fóun]
232. Computadora - Computer - [kəm-piú-tər]
233. Teclado - Keyboard - [kí-bord]
234. Ratón - Mouse - [maʊs]

235. Lámpara - Lamp - [laemp]
236. Plancha - Iron - [ái-ren]

Ejemplos prácticos:

237. El espejo está colgado en la pared. - The mirror is hanging on the wall. [di mírər ɪz jangin ɑn di wu-el]
238. El reloj marca la hora exacta. - The clock shows the exact time. [da cloc shous di exact taim)
239. El teléfono está sonando. - The telephone is ringing. [də tél-e-fóun ɪz ˈringu-ing]
240. La computadora se está actualizando. - The computer is updating. [də kəmˈpiú-ter ɪz epdeiting]
241. El teclado tiene teclas negras. - The keyboard has black keys. [di kí-bord has wua-ɪt ænd blak kiz]
242. El ratón se mueve rápidamente. - The mouse moves quickly. [də maʊs muvz ˈkuɪkli]
243. La lámpara ilumina la habitación. - The lamp lights up the room. [də læmp laɪts ʌp də rum]
244. La plancha está caliente. - The iron is hot. [də áiren ɪz hɑt]

245. Cafetera - Coffee maker - [kó-fi méi-kər]
246. Tetera - Teapot - [tí-pɑt]
247. Platos - Plates - [pléits]
248. Vasos - Glasses - [glás-ez]
249. Cubiertos - Cutlery - [kátlə-ri]
250. Sartén - Frying pan - [frái-ing pan]
251. Olla - Pot - [pɑt]
252. Cuchillo - Knife - [náif]
253. Tenedor - Fork - [fork]

Ejemplos prácticos

254. La cafetera prepara un delicioso café. - The coffee maker prepares a delicious coffee. [di kó-fi méi-kər prɪpers e delishes cofi]
255. La tetera está hirviendo agua. - The teapot is boiling water. [də tí-pɑt ɪz boiling gua-rer]
256. Los platos están en la mesa. – The dishes are on the table. - (da dishes ar on the teibol)
257. Los vasos están en la mesa. - The glasses are on the table. [də glás-əz ar ɑn ðə 'teɪ-bəl]
258. Los cubiertos están en el cajón. - The cutlery is in the drawer. [də kát-lə is in di dragu-er)
259. La sartén está caliente para cocinar. - The frying pan is hot for cooking. [də frái-ing pæn ɪz hɑt for 'kʊkɪŋ]
260. La olla está llena de sopa. - The pot is full of soup. [də pɑt ɪz fʊl of sup]
261. El cuchillo está afilado. - The knife is sharp. [də náif ɪz 'sharp]
262. El tenedor está sobre la mesa. - The fork is on the table. [de fork is on da teibol]

263. Escoba - Broom - [brúm]
264. Escalera - Ladder - [larer]
265. Martillo - Hammer - [hæm-ər]
266. Destornillador - Screwdriver - [skru-drái-vər]
267. Tijeras - Scissors -46. Tijeras - Scissors - [sí-zərz]
268. Bolígrafo - Pen - [pɛn]
269. Lápiz - Pencil - [pén-səl]

Ejemplos prácticos:

270. La escoba barre el suelo. - The broom sweeps the floor. [də brúm swu-ips də flour]
271. La escalera está apoyada en la pared. - The ladder is leaning against the wall. [də læ-rər ɪz lining agenst da guol]
272. El martillo se utiliza para clavar. - The hammer is used for hammering. [də jamer is iusd for jamering]
273. Donde esta mi destornillador?   Where is my screwdriver?   (gu-er is mai escriudraiver)

274. Las tijeras cortan papel. - The scissors cut paper. [da sisors cot peiper]
275. El bolígrafo escribe en tinta azul. - The pen writes in blue ink. [də pɛn raɪts ɪn blu ɪŋk]
276. El lápiz se utiliza para dibujar. - The pencil is used for drawing. [də pén-səl ɪz iuzd fɔr ˈdrɔɪŋ]

Vocabulario
Ejemplos prácticos

277. En el cuaderno tomo apuntes importantes. - In the notebook, I take important notes. [ɪn də nóut-buk aɪ teɪk ɪmportənt noʊts]
278. En mi agenda tengo organizadas mis tareas. - In my planner, I have my tasks organized. [ɪn maɪ plán-ər aɪ hæf maɪ tæsks ˈorganizaid]
279. Llevo mi mochila al colegio todos los días. - I take my backpack to school every day. [aɪ teɪk maɪ bæk-pæk tu skul ˈɛvri deɪ]
280. Llevo un paraguas por si llueve. - I carry an umbrella in case it rains. [aɪ ˈkæri ən əm-brél-ə ɪn keɪs ɪt reɪnz]
281. Leo una revista interesante. - I'm reading an interesting magazine. [aɪm ˈridɪŋ e mæ-ga-zin ˈɪntrəstɪŋ]

282. Periódico - Newspaper - [niu-spéi-per]
283. Bolso - Bag - [bag]
284. Paraguas - Umbrella - [am-brél-a]
285. Llaves - Keys - [kiz]
286. Candado - Padlock - [pád-lok]
287. Caja - Box - [boks]
288. Cepillo - Brush - [brash]

Ejemplos prácticos

289. Leo el periódico todas las mañanas. - I read the newspaper every morning. [aɪ rid də nius-péi-per ɛvri ˈmorning]

290. Llevo mi bolso a todas partes. - I carry my bag everywhere. [aɪ 'kæri maɪ bag 'ɛvri̗wu-ɛr]
291. Siempre llevo un paraguas en caso de lluvia. - I always carry an umbrella in case of rain. [aɪ olw-eɪz 'kerri ən am-brél-ə ɪn keɪs of reɪn]
292. Mis llaves están en el escritorio. - My keys are on the desk. [maɪ kiz ɑr on di desk]
293. Cerré el candado para asegurar la puerta. - I locked the padlock to secure the door. [aɪ lakt də 'pád-lok tu sekiur di dooɾ]
294. Guardo mis cosas en una caja de almacenamiento. - I keep my things in a storage box. [aɪ kip maɪ dhings ɪn a estoreich]
295. Uso un cepillo para peinarme el cabello. - I use a brush to comb my hair. [aɪ iusd ə brʌsh tu koum maɪ hɛr]

296. Cartera - Wallet - [wál-ət]
297. Gafas - Glasses - [glás-əz]
298. Teléfono móvil - Mobile phone - [mó-bil fóun]

Ejemplos prácticos:

299. Guardé mi dinero en la cartera. - I put my money in the wallet. [aɪ pʊt maɪ mʌni ɪn də 'wu-álət]
300. Necesito comprar unas gafas nuevas. - I need to buy new glasses. [aɪ nid tu baɪ nou: 'glasəz]
301. Olvidé mi teléfono móvil en casa. - I forgot my mobile phone at home. [aɪ fərgat maɪ 'mobil'foʊn at jom]
302. Perdí mi cartera en el autobús. - I lost my wallet on the bus. [aɪ last maɪ 'wu-álət on de bʌs]
303. Las gafas me ayudan a ver mejor. - The glasses help me see better. [də 'glɑːsəz hʌlp mi si 'bɛrər]
304. Mi teléfono móvil tiene una pantalla grande. - My mobile phone has a big screen. [maɪ 'mobil 'foʊn jas ə bɪg skrin]
305. Dejé mi cartera en el escritorio. - I left my wallet on the desk. [aɪ lɛft maɪ 'wu-álət on də dɛsk]

306. Necesito recargar el saldo de mi teléfono móvil. - I need to top up the balance on my mobile phone. [aɪ nid tu top ap də 'bæləns on maɪ 'moʊbil 'foʊn]

307. Me compré unas gafas de sol nuevas. - I bought myself new sunglasses. [aɪ bot maɪ'sɛlf niu: sanglɑsez]

308. Perdí mi teléfono móvil en el parque. - I lost my mobile phone in the park. [aɪ last maɪ 'moʊbol 'foʊn ɪn də pɑrk]

309. Esponja - Sponge - [sponch]
310. Cubo - Bucket - [búk-it]
311. Escoba - Broom - [brum]
312. Fregona - Mop - [mop]
313. Aspiradora - Vacuum cleaner - [vaekyum klí-nər]
314. Escalera - Ladder - [lár-ər]

Ejemplos prácticos

315. Necesito un cubo para lavar el piso. - I need a bucket to mop the floor. [aɪ nid e 'bakɪt tu mɑp də flour]

316. La escoba está en el armario. - The broom is in the closet. [də brum ɪz ɪn də 'klosit]

317. Voy a limpiar el piso con el trapeador. - I'm going to clean the floor with the mop. [aɪm going tu klin da flour wu-ith de map]

318. Yo utilizo la aspiradora para limpiar la alfombra. - I used the vacuum cleaner to clean the carpet. [aɪ iusd də vakium klineər tu klin də 'kɑrpɪt]

319. Subí por la escalera hasta el ático. - I climbed the ladder up to the attic. [aɪ klaɪmd ðə 'lædər ʌp tu ðə 'ætɪk]

320. La esponja es suave al tacto. - The sponge is soft to the touch. [də espounch ɪz soft tu di touch]

321. Limpia el suelo con el trapeador mojado. - Clean the floor with the wet mop. [clin de flour wu-ith di gu-et map]

322. Usa la aspiradora para eliminar el polvo. - Use the vacuum cleaner to remove the dust. [iusd də vaekium klinər tu rɪmuf do dast]

323. Sube por la escalera con cuidado. - Climb the ladder carefully. [klaɪm də ˈlaerer ˈkerful]

324. Televisión - Television - [te-le-ví-shen]
325. Radio - Radio - [réi-di-ou]
326. Altavoz - Speaker - [spí-ker]
327. Auriculares - Headphones - [jéd-founs]
328. Micrófono - Microphone - [mái-krou-fóun]
329. Guitarra - Guitar - [gí-tar]

Ejemplos prácticos

330. Me encanta ver películas y series en latelevisión. - I love watching movies and series on television. [aɪ laf gu-ashin muvis end siries on telivishen]
331. Escucho música todas las mañanas en la radio. - I listen to music every morning on the radio. [aɪ ˈlɪsən tu ˈmiuzɪk ˈɛvri morning on daˈréi-di-ou]
332. Conecta tu teléfono al altavoz para escuchar música más fuerte. - Connect your phone to the speaker to listen to music louder. [kənɛkt yur ˈfoʊn tu di ˈspí-ker tu ˈlɪsən tu ˈmiuzɪk ˈlaʊdər]
333. Utilizo los auriculares para disfrutar de mi música favorita. - I use headphones to enjoy my favorite music. [aɪ iusd ˈjéd-founs tu ɪnyoi mai ˈfeivorit ˈmiuzɪk]
334. El cantante utiliza un micrófono para amplificar su voz. - The singer uses a microphone to amplify his voice. [də ˈsɪngu-er ˈiusd e ˈmái-krou-fón tu aemplifai jis vois]
335. Estoy aprendiendo a tocar mi guitarra. - I am learning to play my guitar. [aɪ em lerning tu pleɪ mai gu-itɑr]

336. Piano - Piano - [pi-á-noh]
337. Violín - Violin - [vaio-lin]
338. Batería - Drum set - [drʌm sɛt]
339. Libro - Book - [buk]

Ejemplos prácticos

340. Me encanta tocar el piano, es mi instrumento favorito. - I love playing the piano, its my favorite instrument.   (ai laf pleiying di piano, its mai feivorit instrument)

341. El violinista tocó una hermosa melodía en el violín. - The violinist played a beautiful melody on the violin. [di vaio-lin'ɪst pleɪd ə 'biutɪfel məlɑdi on di vaio-lin]

342. El baterista toca la batería con gran energía. - The drummer plays the drums with great energy. [də 'dramər pleɪz də dramz wu-ɪth ɡreɪt 'eneryi]

343. Leo un libro interesante antes de dormir. - I read an interesting book before going to sleep. [aɪ rid en 'ɪnterestin buk bifor 'ɡoʊɪŋ tu eslip]

344. Martillo - Hammer - [jám-er]
345. Destornillador - Screwdriver - [skru-draiv-ər]
346. Sierra - Saw - [so]
347. Taladro - Drill - [dril]
348. Tijeras - Scissors - [sí-zerz]
349. Hilo - Thread - [thred]

Ejemplos prácticos

350. Utilicé un martillo para clavar el clavo en la pared. - I used a hammer to drive the nail into the wall. [aɪ 'iusd ə 'jám-ər tu draɪv də neɪl 'ɪntu də wu-al]

351. Necesito un destornillador para apretar los tornillos. - I need a screwdriver to tighten the screws. [aɪ 'nid ə 'skriu͵draɪvər tu 'taɪt də skriuz]

352. Usé una sierra para cortar la madera. - I used a saw to cut the wood. [aɪ 'iusd ə so tu kat də wʊd]

353. El taladro es una herramienta útil para hacer agujeros. - The drill is a useful tool for making holes. [də drɪl ɪz ə iusful tul for 'meɪkɪŋ joʊlz]

354. Las tijeras se utilizan para cortar papel. - Scissors are used to cut paper. ['sí-zərz ar iusd tu kat 'peɪpər]

355. Necesito hilo para coser los botones en mi camisa. - I need thread to sew the buttons on my shirt. [aɪ ˈniːd dred tu soʊ də ˈbatonz on maɪ ˈshirt]

356. Aguja - Needle - [ní-dəl]
357. Botones - Buttons - [bút-enz]
358. Cinta adhesiva - Tape - [téip]
359. Pegamento - Glue - [glu]
360. Papel - Paper - [péi-pər]
361. Bloc de notas - Notepad - [nóut-pad]
362. Calculadora - Calculator - [kæl-kiu-lei-rer]
363. Reloj - Watch - [wu-ach]

Ejemplos prácticos:

364. Utilicé una aguja para coser el botón que se cayó. - I used a needle to sew the button that fell off. [aɪ ˈiusd ˈní-dəl tu soʊ də ˈbaten dat fɛl af]

365. Los botones de mi camisa se desprendieron. - The buttons on my shirt came off. [də ˈbút-ənz on maɪ shirt keim af]

366. Necesito cinta adhesiva para pegar las piezas juntas. - I need tape to stick the pieces together. [aɪ ˈniːd téip tu estɪk də ˈpizes tugu-eder]

367. Utilicé pegamento para reparar el objeto roto. - I used glue to fix the broken object. [ai ˈiusd glu tu fikx de brouken object]

368. Necesito papel para hacer una lista de compras. - I need paper to make a shopping list. [aɪ ˈnid ˈpéi-pər tu meɪk ə shapin list]

369. Tomé notas en mi bloc de notas durante la reunión. - I took notes in my notepad during the meeting. [aɪ tʊk noʊts ɪn maɪ ˈnóut-pad ˈdʊrɪŋ də ˈmitɪŋ]

370. Utilicé una calculadora para hacer los cálculos matemáticos. - I used a calculator to do the math calculations. [aɪ ˈiusd a kalkiuleter tu du da math kalkiuleshens]

371. Me puse el reloj antes de salir de casa. - I put on the watch before leaving the house. [aɪ pʊt on de wu-ach bɪfor ˈlivɪŋ de jaʊs]

372. Joyas - Jewelry - [yulery]
373. Gafas de sol - Sunglasses - [sán-glás-iz]
374. Bolsa de plástico - Plastic bag - [plás-tik bag]
375. Tarjeta de crédito - Credit card - [kréd-it kard]
376. Billete - Bill - [bil]

Ejemplos prácticos:

377. Mi mamá tiene muchas joyas hermosas. - My mom has many beautiful jewelry. [maɪ mam jas 'maniz 'yuleri]
378. Las gafas de sol protegen mis ojos de los rayos del sol. - Sunglasses protect my eyes from the sun rays. [sán-glás-iz prətek maɪ aɪz from də san reɪz]
379. Por favor, pon las compras en la bolsa de plástico. - Please put the groceries in the plastic bag. [plis, put da grosery in da plás-tik bæg]
380. Pagué con mi tarjeta de crédito en la tienda. - I paid with my credit card at the store. [aɪ peɪd wu-it maɪ 'kréd-it kɑrd at di estor]
381. Me encontré un billete de $10 en el suelo. - I found a $10 bill on the ground. [aɪ faʊnd ə $10 bɪl on də graʊnd]

382. Monedas - Coins - [koins]
383. Cámara - Camera - [kámara]
384. Portátil - Laptop - [láp-tɑp]
385. Teléfono móvil - Mobile phone - [mó-bil foun]
386. Tableta - Tablet - [tá-blet]
387. Cargador - Charger - [chár-yər]
388. Cable - Cable - [kéi-bol]

Ejemplos prácticos

389. Encontré algunas monedas en el bolsillo de mi pantalón. - I found some coins in the pocket of my pants. [aɪ faʊnd sʌm koɪnz ɪn di 'poket of maɪ pants]

390. Me gusta tomar fotos con mi cámara. - I enjoy taking photos with my camera. [aɪ inyoi teikin foros wu-ith maɪ camera]

391. Trabajo en mi portátil para hacer mis tareas. - I work on my laptop to do my tasks. [aɪ wu-erk on maɪ 'láp-tɑp tu du maɪ 'tæsks]

392. Mi teléfono móvil se quedó sin batería. - My mobile phone ran out of battery. [maɪ 'móbil foun ran aʊt of 'bateri]

393. Utilizo mi tableta para leer libros electrónicos. - I use my tablet to read e-books. [aɪ 'ius maɪ 'tá-blet tu rid i-bʊks]

394. Necesito un cargador nuevo para mi teléfono. - I need a new charger for my phone. [aɪ nid ə niu 'cháryər for maɪ 'foun]

395. Conecté el cable a la televisión para ver películas. - I connected the cable to the television to watch movies. [aɪ kənɛktid də kéi-bol tu də ˌtɛləˈvɪshən tu 'wu-atch 'muviz]

396. Ratón - Mouse - [maus]
397. Teclado - Keyboard - [kí-bord]
398. Impresora - Printer - [prín-tər]
399. Escáner - Scanner - [skán-ər]
400. Proyector - Projector - [prə-jékt-ər]
401. Bocina - Horn - [hórn]

Ejemplos prácticos:

402. Utilizo el ratón para navegar por Internet. - I use the mouse to navigate the Internet. [aɪ 'ius də maus tuˈnævɪgu-eɪt də 'ɪntərnɛt]

403. Escribo en el teclado para redactar mis documentos. - I type on the keyboard to compose my documents. [aɪ taɪp on də 'kí-bord tu kəmpoʊz maɪ dakiuments]

404. Necesito imprimir algunos papeles, así que usaré la impresora. - I need to print some papers, so I'll use the printer. [aɪ 'nid tu ɪmprɪnt ə sam 'peɪpərz, soʊ aɪl ius də 'prɪntər]

405. Escaneé el documento con el escáner y lo envié por correo electrónico. - I scanned the document with the scanner and sent it by email. [aɪ eskand də dokiument wu-it deˈeskán-er end sɛnt ɪt baɪ ˈimeɪl]

406. El proyector muestra las imágenes en la pantalla grande. - The projector displays the images on the big screen. [də prəjékt-ər dɪspleɪz də imayes on də bɪg eskrin]

407. La bocina emite un sonido fuerte y claro. - The horn emits a loud and clear sound. [də jórn ɪmits e laʊd end klɪr saʊnd]

408. Sierra - Saw - [so]
409. Taladro - Drill - [dril]
410. Tijeras - Scissors - [sí-zərz]
411. Hilo - Thread - [thred]

Ejemplos prácticos:

412. Utilicé una sierra para cortar la madera. - I used a saw to cut the wood. [aɪ iusd ə so tu kat də wʊd]

413. Necesito un taladro para hacer agujeros. - I need a drill to make holes. [aɪ nid e dril tu meɪk joʊlz]

414. Las tijeras son útiles para cortar papel. - Scissors are useful for cutting paper. [sí-zərz ar ˈiusfel for katɪŋ ˈpeɪ-pər]

415. Utilicé hilo para coser el botón. - I used thread to sew the button. [aɪ iusd dred tu soʊ də ˈbatan]

Ejercicios prácticos

416. Aguja - Needle - [ní-dəl]
417. Botones - Buttons - [bút-onz]
418. Cinta adhesiva - Tape - [téip]
419. Pegamento - Glue - [glu]
420. Papel - Paper - [péi-pər]
421. Bloc de notas - Notepad - [nóut-pæd]

422. Calculadora - Calculator - [kæl-kiu-lei-ter]
423. Reloj - Watch - [wu--ach]

424. Necesito una aguja para coser. - I need a needle for sewing. - [ái nid ə nídəl
     for seuɪŋ]
425. Los botones de mi camisa se cayeron. - The buttons on my shirt fell off. -
     [də 'bútənz ɒn maɪ 'shirt fel ɒf]
426. ¿Tienes cinta adhesiva? Necesito arreglar algo. - Do you have tape? I need
     to fix something. - [du ju jaf téip? ái nid tu fɪkx 'somdhing]
427. El pegamento está seco, necesito comprar más. - The glue is dry, I need to
     buy more. - [də glu ɪz draɪ, ái nid tu bái muɾ]
428. Por favor, pasa el papel. - Please pass the paper. - [pliz pas de 'péi-pər]
429. Siempre llevo un bloc de notas en mi bolso. - I always carry a notepad in
     my handbag. - [ái ɔ:l'weɪz 'kæri ə 'nóut‚pæd ɪn maɪ 'jénd-bæg]
430. La calculadora está en el escritorio. - The calculator is on the desk. - [də
     'kæl-kiu-lei-ter ɪz ɒn di dɛsk]
431. Mi reloj se detuvo, necesito arreglarlo. - My watch stopped, I need to fix it.
     - [maɪ wu-ash stɒpt, ái nid tu fɪkx ɪt]

432. Lámpara - Lamp - [lámp]
433. Reloj despertador - Alarm clock - [e-lárm klók]
434. Termómetro - Thermometer - [thər-móm-e-tər]
435. Pañuelo - Tissue - [tí-syu]
436. Paraguas - Umbrella - [em-brél-ə]
437. Maleta - Suitcase - [su-ítkéis]
438. Bolso de mano - Handbag - [jénd-bag]
439. Bolsa de viaje - Travel bag - [trá-vəl bag]
440. Mochila - Backpack - [bák-pak]
441. Corbata - Tie - [tái]

Ejemplos prácticos:

442. La lámpara está encendida. - The lamp is turned on. - [de lámp iz ternd on]

443. Necesito comprar un reloj despertador. - I need to buy an alarm clock. - [ái nid tu bái an e-lárm klók]

444. El termómetro marca 31 grados. - The thermometer reads 31 degrees. - [de ther-móm-e-ter ridz 31 dɪgriz]

445. ¿Tienes un pañuelo? Me estoy resfriando. - Do you have a tissue? I'm catching a cold. - [du ju jaf ə tísyu? áiem katshing e koʊld]

446. No olvides llevar el paraguas, va a llover. - Don't forget to take the umbrella, it's going to rain. - [doʊnt ferget tu teɪk di əmbrélə, ɪts 'goʊɪŋ tu reɪn]

447. La maleta está en la habitación. - The suitcase is in the room. - [de su-ítkéis ɪz ɪn di rum]

448. Mi hermana tiene un bolso de mano muy bonito. - My sister has a very nice handbag. - [maɪ 'sɪstər jas ə 'veri naɪs jénd'bag]

449. Compré una bolsa de viaje para mis vacaciones. - I bought a travel bag for my vacation. - [ái bat ə travel bag for maɪ vəikeshen]

450. Mi hijo lleva una mochila al colegio. - My son carries a backpack to school. - [maɪ san 'kæriz ə 'bák ͵pak tu skul]

451. El hombre lleva una corbata elegante. - The man is wearing a stylish tie. - [di man ɪz 'wu-eərɪŋ ə 'staɪlɪsh tái]

452. Tocadiscos - Record player - [rɪ-kord pléi-ər]

453. Lavaplatos - Dishwasher - [dish wu-asher]

454. Dispensador de agua - Water dispenser - [wá-rer di-spén-sər]

455. Caja de herramientas - Toolbox - [túl-boks]

456. Cepillo de pelo - Hairbrush - [hér-brash]

457. Peine - Comb - [kóm]

458. Secador de pelo - Hairdryer - [hér-drái-ər]

459. Plancha de pelo - Hair straightener - [hér stréi-tər]

460. Espejo - Mirror - [mí-rər]

Ejemplos prácticos:

461. Me gusta escuchar música en mi tocadiscos. - I enjoy listening to music on my record player. - [ai ɛnyoing 'lɪsənɪŋ tu miuzɪk on mai rəkord 'pleɪer]

462. El lavaplatos hace mi vida más fácil. - The dishwasher makes my life easier. - [də ˈdɪsh-wu-asher meɪks maɪ laɪf ˈiziər]

463. El dispensador de agua está en la cocina. - The water dispenser is in the kitchen. - [də ˈwu-arər dɪspɛnsər ɪz ɪn də ˈkɪtshən]

464. Guardo mis herramientas en la caja de herramientas. - I keep my tools in the toolbox. - [ai ˈkip maɪ tulz ɪn də ˈtulˌbɑks]

465. Necesito comprar un nuevo cepillo de pelo. - I need to buy a new hairbrush. - [ai ˈnid tu ˈbaɪ e niu ˈhɛrbrash]

466. Usa el peine para peinarte el cabello. - Use the comb to brush your hair. - [ius də koʊm tu brash yur hɛr]

467. Después de lavarme el cabello, uso el secador de pelo. - After washing my hair, I use the hairdryer. - [ˈafder ˈwuɑ-shing maɪ hɛr, ai ˈjus də ˈhɛrˌdraɪər]

468. Mi hermana utiliza la plancha de pelo para alisar su cabello. - My sister uses the hair straightener to straighten her hair. - [maɪ ˈsɪstər iuses də ˈjer ˈstreɪtner tu ˈstreɪtn jer hɛr]

469. Me veo en el espejo antes de salir de casa. - I look at myself in the mirror before leaving the house. - [ai lʊk at maɪˈsɛlf ɪn də ˈmɪrerz bɪfor ˈlivɪŋ de jaʊs]

Capítulo 6

Toda la familia en inglés

470. Familia - Family - [fá-mi-li]
471. Padre - Father - [fá-dər]
472. Madre - Mother - [má-dər]
473. Hijo/Hija - Son/Daughter - [san/ˈdorər]
474. Hermano/Hermana - Brother/Sister - [brá-dhər/ˈsís-tər]
475. Abuelo/Abuela - Grandfather/Grandmother - [grán-fá-dhər/grán-má-dhər]

Ejemplos prácticos:

476. Mi familia es importante para mí. - My family is important to me. [mai fá-mi-li ɪz ɪmportənt tu mi]
477. Mi padre es un gran ejemplo para mí. - My father is a great example to me. [mai fá-dər ɪz e ɡreɪt ikzampol tu mi]
478. Mi madre cocina la mejor comida. - My mother cooks the best food. [mai má-dər kʊks ðə bɛst fud]
479. Mi hijo es muy inteligente. - My son is very intelligent. [mai san ɪz vɛri ɪnteliyent]
480. Mi hija es una bailarina talentosa. - My daughter is a talented dancer. [mai ˈdorər ɪz ə ˈtaləntɪd daenser]
481. Mi hermano es mi amigo. - My brother is my friend. [mai ˈbráðər ɪz mai frɛnd]
482. Tengo una hermana mayor. - I have an older sister. [ai jaf an ˈoʊldər ˈsɪstər]]

483. Mi abuelo cuenta historias interesantes. - My grandfather tells interesting stories. [mai ˈgrænˌfɑdər tɛlz ˈɪntərɛstɪŋ ˈestoriz]

484. Mi abuela me hace reír mucho. - My grandmother makes me laugh a lot.
[mai ˈgraen ˌmadər meɪks mi læf a lot]

485. Nieto/Nieta - Grandson/Granddaughter - [grán-san/grán-ˈdorər]
486. Tío/Tía - Uncle/Aunt - [án-kəl/ant]
487. Sobrino/Sobrina - Nephew/Niece - [né-fyú/nis]
488. Primo/Prima - Cousin - [cá-zən]
489. Esposo/Esposa - Husband/Wife - [jás-bənd/wu-aif]
490. Novio/Novia - Boyfriend/Girlfriend - [bói-frend/gɛrl-frend]

Ejemplos prácticos:

491. Mi nieto es muy travieso pero adorable. - My grandson is very mischievous
but adorable. [mai ˈgræn ˌsan ɪz vɛri misheves bat əˈdorəbel]
492. Mi tío es muy gracioso y siempre cuenta chistes. - My uncle is very funny
and always tells jokes. [mai ˈaŋkəl ɪz vɛri ˈfani end olwu-eis tɛlz youks]
493. Tengo un sobrino y una sobrina, son muy traviesos pero adorables. - I
have a nephew and a niece, they are very mischievous but adorable. [ai jaf
e nefiu end e nis, dei ɑr vɛri misheves bat e doːrebol]
494. Mi primo y yo somos muy cercanos y nos divertimos mucho juntos. - My
cousin and I are very close and have a lot of fun together. [mai ˈkazən end
ai ɑr vɛri kloʊs ænd jaf ə lot of fan tugu-eder]
495. Mi esposo es un hombre muy cariñoso y atento. - My husband is a very
loving and caring man. [mai jasbend ɪz ə vɛri ˈlavɪŋ ænd ˈkɛrɪŋ mæn]
496. Salgo a cenar con mi novia este fin de semana. - I'm going out to dinner
with my girlfriend this weekend. [aɪm ˈgoʊɪŋ aʊt tu ˈdɪner wu-it mai
ˈgerl ˌfrɛnd dɪs ˈwu-ikend]

497. Cuñado/Cuñada - Brother-in-law/Sister-in-law - [brá-dhər-in-ló/sís-tər-
in-ló]
498. Suegro/Suegra - Father-in-law/Mother-in-law - [fá-dhər-in-ló/má-dhər-in-
ló]
499. Yerno/Nuera - Son-in-law/Daughter-in-law - [san-in-ló/ˈdorər-in-ló]

500. Mi cuñado es un gran apoyo para mí. - My brother-in-law is a great support to me. [mai brá-dhər-in-ló ɪz ə grɛɪt seport tu mi]

501. Mi suegro es muy amable y siempre nos trata con cariño. - My father-in-law is very kind and always treats us with affection. [mai fá-dhər-in-ló ɪz vɛri kaɪnd end ol-gu-eis trits ʌs wu-it afecshen]

502. Mi yerno es un buen esposo y padre. - My son-in-law is a good husband and father. [mai sʌn-in-ló ɪz ə gʊd ˈhʌzbənd ænd ˈfɑːðər]

Capítulo 7

Palabras más usadas de viajes y transporte en inglés

503. Avión - Airplane - [éir-plein]
504. Aeropuerto - Airport - [ér-pͻrt]
505. Coche/Automóvil - Car/Automobile - [kar/autə-mo-beil]
506. Autobús - Bus - [bas]
507. Tren - Train - [trein]
508. Barco - Boat - [bout]
509. Avión – Airplane (erplein)

Ejemplos prácticos:

510. Me encanta viajar en avión. - I love traveling by airplane. [i laf treveling baɪ erplein]
511. Llegaremos al aeropuerto mañana temprano. - We will arrive at the airport early tomorrow. [wi wu-ɪl eraɪf at di erport]

512. Necesito alquilar un coche para mi viaje. - I need to rent a car for my trip. [aɪ nid tu rɛnt e kɑr for mai trɪp]
513. Tomo el autobús para ir al trabajo. - I take the bus to go to work. [aɪ teɪk də bas tu gͻʊ tu wu-ɜrk]
514. El tren sale en 10 minutos. - The train departs in 10 minutes. [de treɪn dɪpɑrts ɪn 'tɛn 'mɪnets]
515. Disfruto navegar en barco por el océano. - I enjoy sailing by boat across the ocean. [aɪ enyois seɪlɪŋ baɪ bout ekros di 'oshean]

516. Crucero - Cruise ship - [kruz ship]
517. Bicicleta - Bicycle - [bái-si-kol]
518. Motocicleta - Motorcycle - [mó-tou-sái-kəl]
519. Taxi - Taxi - [tá-k-see]
520. Metro - Subway - [sab-wu-eɪ]
521. Tranvía - Tram - [træm]

Ejemplos prácticos:

522. Me encanta viajar en crucero. I love traveling on a cruise ship. [ai laf ˈtravəlɪŋ on e cruzship]
523. Disfruto mucho andar en bicicleta. I really enjoy riding a bicycle. [ai ˈɹuili raidin ə ˈbaɪ-sɪ-kel]
524. Compré una motocicleta nueva la semana pasada. I bought a new motorcycle last week. [ai bat ə niuˈmoʊtər saɪkəl last wu-ik]
525. Tomé un taxi para ir al aeropuerto. I took a taxi to go to the airport. [ai tʊk ə ˈtaksi tu goʊ tu di ˈɛrport]

526. Utilicé el metro para llegar al centro de la ciudad. I used the subway to get to the city center. [ai iusd di ˈsab.wu-eɪ tu gɛt tu də ˈsiti ˈsɛntər]
527. Me gusta viajar en tranvía. I like traveling by tram. [ai laɪk ˈtrævəlɪŋ baɪ træm]

528. Pasaporte - Passport - [pás-pôrt]
529. Billete/Boleto - Ticket - [tík-it]
530. Equipaje - Luggage - [lugu-esh]
531. Maleta - Suitcase - [sút-kéis]
532. Mochila - Backpack - [backpak]

Ejemplos prácticos:

533. No olvides llevar tu pasaporte cuando viajes al extranjero. - Don't forget to bring your passport when you travel abroad. [dəʊnt fərgu-ɛt tu brɪng yur pás-pôrt wu-ɛn yʊ ˈtrævəl əˈbrod]

534. Compré un billete de tren para mi viaje. - I bought a train ticket for my trip. [aɪ bot ə ˈtrein tɪkɪt for mai trɪp]

535. Necesito recoger mi equipaje en la terminal de llegadas. - I need to pick up my luggage at the arrivals terminal. [aɪ nid tu pɪk ap mai lugach ət di eraɪvəlz ˈtermɪnal]

536. Empaca tus pertenencias en una maleta resistente. - Pack your belongings in a sturdy suitcase. [pæk yur biloguings in e estordy suit keis]

537. Lleva una mochila cómoda para tus excursiones. - Carry a comfortable backpack for your excursions. [ˈkæri e bæk-pæk for yur eckershen]

538. Camión - Truck - [trak]
539. Bote de mar- Dinghy - [dín-yi]
540. Helicóptero - Helicopter - [hé-li-kóp-tər]
541. Ferrocarril - Railroad - [réi-lroʊd]
542. Autopista - Highway - [hái-wu-éi]
543. Carretera - Road - [róud] Camión - Truck:

Ejemplos prácticos:

544. El camión transporta carga pesada de un lugar a otro. - The truck transports heavy cargo from one place to another. [də trak transports ˈjɛvi ˈkɑrgoʊ from uan pleɪs tu eˈnadər]

545. Usamos un bote para navegar en el lago. - We use a dinghy to sail on the lake. [wu-i ius ə dɪŋgi tu seɪl on də leɪk]

546. El helicóptero sobrevoló la ciudad durante el evento. - The helicopter flew over the city during the event. [də hé-li-kóp-tər flu: ˈoʊvər də ˈsɪti ˈdʊrɪŋ di ɪvɛnt]

547. El ferrocarril es un medio de transporte. - The railroad is a means of transportation. [də ˈreɪlˌroʊd ɪz a mins ofˌtrænsporteishen]

548. La autopista es una vía rápida para llegar a la ciudad. - The highway is a fast route to reach the city. [ði ˈhaɪ͜wu-eɪ ɪz ə fæst rut tu rich də siti]

549. Conducimos por una carretera- We drove on a road. [wu-i drovf on a roud.]

550. Salida - Departure - [di-párt-shur]
551. Llegada - Arrival - [e-ráy-vəl]
552. Embarque - Boarding - [bor-dɪŋ]
553. Hora - Hour - [áu-ər]
554. Minuto - Minute - [mɪ-net]
555. Segundo - Second - [sɛ-kend]
556. Parqueo/Aparcamiento - Parking - [pár-kiŋ]
557. Gasolina - Gasoline - [gæs-ə-lin]

Ejemplos prácticos:

558. La salida del vuelo está programada para las 9 de la mañana. - The departure of the flight is scheduled for 9 in the morning. [da diparchur of flait is eskeshuld for nain in da morning]

559. La llegada del tren será a las 6 de la tarde. - The arrival of the train will be at 6 in the evening. [la ə-ráy-vəl dəl trein wɪl bi at 6 də lə i-vé-nɪŋ]

560. El embarque del vuelo comenzará en la puerta número 3. - Boarding of the flight will start at gate number 3. [bording of de flait wu-il estart at gu-eit namber tri]

561. ¿A qué hora sale el tren hacia la ciudad? - What time does the train depart for the city? [gu-at taim dos de trein depart for da citi]

562. Tendremos una parada de 15 minutos en la siguiente estación. - We will have a 15-minute stop at the next station. [wu-i gu-il jaf 15 minets estop at di nekx esteishen]

563. El reloj marca los segundos con precisión. - The clock accurately measures the seconds. [di clak akiursy mishurs de seconds]

564. Hay un estacionamiento cerca del aeropuerto para dejar el coche. - There is a parking lot near the airport to leave the car. [deris a parking lot nir di erport tu lif di car]

565. Necesito llenar el tanque de gasolina antes de salir de viaje. - I need to fill up the gasoline tank before starting the trip. [ai nid tu fil ap di gasolin tank bifor estarin di trip)

566. Estación - Station - [stéi-shən]
567. Parada - Stop - [stáp]
568. Terminal - Terminal - [túr-mə-nəl]
569. Viaje - Trip - [trɪp]
570. Destino - Destination - [dɛs-tə-néi-shən]
571. Vuelo - Flight - [flaɪt]

Ejemplos prácticos:

572. Voy a la estación de tren para tomar el próximo tren. I'm going to the train station to catch the next train. [aim goʊɪŋ tu də treɪn ˈstéi-shən tu katch də nekst treɪn]

573. Espérame en la parada de autobús. Estaré allí en unos minutos. Wait for me at the bus stop. I'll be there in a few minutes. [wu-eɪt for mi at də bas stáp. Ail bi dɛr ɪn ə fiuˈmɪnəts]

574. La terminal del aeropuerto está bastante concurrida en esta época del año. The airport terminal is quite crowded this time of year. [də ˈerport túr-mə-nəl is kuait croudid dis taim of yier]

575. Estoy planeando un viaje a Europa la próxima semana. I'm planning a trip to Europe next week. [aim ˈplaenɪŋ e trɪp tu iurop nɛkst gu-ik]

576. Barcelona es mi destino favorito para las vacaciones. Barcelona is my favorite destination for vacations. [bɑr-sə-ˈloʊ-nə ɪz maɪ ˈdɛs-tə-néi-shen for vakeishens]

577. Tomaré un vuelo temprano por la mañana hacia Nueva York. I'll be taking an early morning flight to New York. [aɪl bi ˈteɪkɪŋ en er-li ˈmornɪŋ flaɪt tu niu york]

578. Capitán - Captain - [káp-tən]
579. Azafata - Flight attendant - [flaɪt atɛn-dənt]
580. Equipaje de mano - Carry-on luggage - [ké-ri-án lugach)]
581. Despegue - Takeoff - [teɪk-of]
582. Aterrizaje - Landing - [læn-dɪŋ]

Ejemplos prácticos:

583. El capitán anunció que estamos listos para despegar. The captain
announced that we are ready for takeoff. [də ˈkáp-tən ənaunst dad wu-i ar
rueri for teikof]
584. La azafata nos dio instrucciones de seguridad antes de despegar. The flight
attendant gave us safety instructions before takeoff. [də flaɪt ətɛn-dənt
geɪv as ˈseɪfti ɪnstrakshənz bɪfor ˈteɪkof]
585. No olvides recoger tu equipaje de mano al salir del avión. Don't forget to
collect your carry-on luggage upon exiting the plane. [dount forgɛt tu
kelɛkt yurˈké-ri-an lugachˈapon ɪksɪtɪn də pleɪn]
586. El aterrizaje fue suave y sin problemas. The landing was smooth and
without any issues. [də ˈlæn-dɪŋ wu-ɑz smuð end wu-ɪðaʊt eni ishus]

587. Estación de servicio - Gas station - [gæs ˈsteɪ-ʃən]
588. Conductor - Driver - [drái-vər]
589. Pasajero - Passenger - [pæs-əndʒər]
590. Piloto - Pilot - [pái-lət]

Ejemplos prácticos:

591. Necesito detenerme en la estación de servicio para llenar el tanque. I need
to stop at the gas station to fill up the tank. [ai nid tu stap at də gæs
esteɪshen tu fil ap ðd tæŋk]

592. El conductor del autobús nos llevó al centro de la ciudad.   The bus driver took us to the city center. [də bas ˈdraɪvər tuk as tu də ˈsɪti ˈsɛntər]

593. El pasajero se sentó junto a la ventana durante todo el viaje. The passenger sat next to the window throughout the entire trip. [də ˈpæs-enyer sat nɛkst tu də ˈwu-ɪndoʊ druaʊt di ɪntaɪər trɪp]

594. El piloto anunció que el avión estaba a punto de aterrizar. The pilot announced that the plane was about to land. [də ˈpái-lət ənaʊnst dat də pleɪn wu-ɑz əbaʊt tu lænd]

595. Retraso - Delay - [dɪ-léɪ]
596. Cancelado - Cancelled - [kæn-səld]
597. Pasaporte - Passport - [pás-pɔːrt]
598. Visado - Visa - [ví-zə]

Ejemplos prácticos:

599. Mi vuelo tuvo un retraso de dos horas. My flight had a two-hour delay. [mai flaɪt jad e tu-aʊər dɪ-léɪ]

600. El concierto fue cancelado por la lluvia. The concert was cancelled due to rain. [də ˈkansərt wu-ɑz kænsəld diu tu rein]

601. Olvidé mi pasaporte en casa. I forgot my passport at home. [ai fərˈɡot mai pás-pɔrt at joʊm]

602. Necesito solicitar un visado para viajar al extranjero. I need to apply for a visa to travel abroad. [ai nid tu əplaɪ for ə ˈví-za tu ˈtrævel əˈbrod]

Capítulo 8

Alimentos y bebidas importantes en inglés

603. Pescado - Fish - [físh]
604. Fruta - Fruit - [frút]
605. Verdura - Vegetable - [véd-ye-tə-bel]
606. Queso - Cheese - [chís]
607. Huevos - Eggs - [égs]
608. Azúcar - Sugar - [shú-gər]
609. Sal - Salt - [solt]
610. Pescado - Fish:

Ejemplos prácticos:

611. Me gusta comer pescado fresco. - I enjoy eating fresh fish. [ai enyoi iring fresh fish]
612. Las frutas son una opción saludable para el postre. - Fruits are a healthy choice for dessert. [fruts ar ə jelti shois for dɪzert]
613. Las verduras son ricas en vitaminas. - Vegetables are rich in vitamins. [veyetabol ɑr rish ɪn ˈvɪreminz]
614. El queso cheddar es perfecto para hacer sándwiches. - Cheddar cheese is perfect for making sandwiches. [ˈshedar shiiz isˈperfɪkt for ˈmeɪkɪŋ ˈsænwuishes]
615. Me gustan los huevos revueltos para el desayuno. - I like scrambled eggs for breakfast. [ai laɪk ˈeskræmbəld égs for ˈbrɛkfəst]
616. El azúcar se utiliza para endulzar las bebidas y los postres. - Sugar is used to sweeten drinks and desserts. [shugar ɪz iusd tu ˈswu-iten drɪŋks ænd dɪzɜrts]

617. Un poco de sal puede realzar el sabor de la comida. - A little bit of salt can enhance the flavor of food. [ə lɪru bɪt of solt kan ɪnjeens di ˈfleɪvor of fud]

618. Agua - Water - [wuá-rer]
619. Leche - Milk - [milk]
620. Pan - Bread - [bréd]
621. Arroz - Rice - [ráis]
622. Carne - Meat - [mít]
623. Pollo - Chicken - [chí-ken]

Ejemplos prácticos:

624. Me gusta beber agua fresca. - I like to drink fresh water. [ai laik tu drink fresh wá-rer]
625. Tomo leche todas las mañanas. - I drink milk every morning. [ai drink milk é-vri mór-nin]
626. Voy a comprar pan en la panadería. - I'm going to buy bread at the bakery. [aim gó-ing tu bai bréd at də béi-ki-ri]
627. Preparé arroz blanco para la cena. - I cooked white rice for dinner. [ai kúkt wu-ait ráis for dí-ner]
628. Me gusta cocinar carne a la parrilla. - I like to grill meat. [ai laik tu gríl mít]
629. El pollo asado es mi plato favorito. - Roast chicken is my favorite dish. [də chí-ken rohst iz mai féi-vrit dish]

630. Aceite - Oil - [ail]
631. Café - Coffee - [kó-fi]
632. Té - Tea - [ti]

633. Mermelada - Jam - [yaem]
634. Miel - Honey - [ja-ni]
635. Yogur - Yogurt - [yó-gurt]

636. Helado - Ice cream - [áis krim]
637. Galletas - Cookies - [kú-kiz]

Ejemplos prácticos:

638. El aceite de oliva es muy saludable. - Olive oil is very healthy. [oliv ail ɪz ˈvɛri ˈjɛlti]
639. Me encanta el aroma del café por la mañana. - I love the aroma of coffee in the morning. [aɪ lav də erəʊmə of kofi ɪn de ˈmorning]
640. Disfruto tomar una taza de té caliente. - I enjoy having a cup of hot tea. [aɪ enyoi javing e capo f jat tii]
641. Me gusta untar mermelada en mis tostadas. - I like to spread jam on my toast. [aɪ laɪk tu sprɛd yam ɒn maɪ toust]
642. La miel es natural. - Honey is natural. [jani ɪz naeshural]
643. Me gusta el yogur con frutas frescas. - I enjoy yogurt with fresh fruits. [aɪ inyoi yagurt wu-it fresh fruits]
644. En verano me encanta comer helado. - I love eating ice cream in the summer. [aɪ laf ˈitɪŋ aɪs krim ɪn də ˈsamər]
645. Las galletas caseras son deliciosas. - Homemade cookies are delicious. [ˈjommeɪd ˈkʊkiz ar dɪlishes]

646. Pastel - Cake - [kéik]
647. Pizza - Pizza - [pí-za]
648. Pasta - Pasta - [pás-tə]
649. Sopa - Soup - [súp]
650. Ensalada - Salad - [sæ-ləd]

Ejemplos prácticos:

651. Me encanta comer pastel de chocolate. - I love eating chocolate cake. [ai laf írɪn cha-ko-lət kéik]
652. Me gusta pedir pizza los viernes por la noche. - I like to order pizza on Friday nights. [ai laik tu ɔrər pí-za ɒn ˈfraɪ-deɪ naɪts]
653. Preparé una deliciosa pasta con salsa de tomate. - I prepared a delicious pasta with tomato sauce. [ai prɪpɛərd e dɪlishes ˈpastə wu-it tomeiro soch]

654. Me gusta tomar sopa de pollo cuando estoy resfriado. - I like to have chicken soup when I'm sick. [ai laik tu jaf 'tʃíkən sʊp wu-ɛn aɪm 'sɪk]

655. Preparé una ensalada fresca con vegetales mixtos. - I prepared a fresh salad with mixed vegetables. [ai prɪ'preərd e frɛsh 'saled wu-it mɪkst 'veyetabols]

656. Zumo - Juice - [dʒús]
657. Refresco - Soda/Soft drink - [só-də/sɔft drɪŋk]
658. Cerveza - Beer - [bír]
659. Vino - Wine - [wáin]
660. Chocolate - Chocolate - [chɔ-klət]
661. Azúcar moreno - Brown sugar - [bráun shú-gər]
662. Mantequilla - Butter - [bʌt-ər]
663. Zumo - Juice - [dʒús]

Ejemplos prácticos:

664. Me gusta tomar zumo de naranja en el desayuno todos los dias. - I like to drink orange juice for breakfast everyday. [ai laik tu drɪŋk **oranch** yus for 'brɛkfəste evridei]

665. En el verano, disfruto de una refrescante soda. - In the summer, I enjoy a refreshing soda. [ɪn də 'samər, ai **inyoi** də rɪfrɛshin sóda]

666. A veces me gusta tomar una cerveza fría con los amigos. - Sometimes I like to have a cold beer with friends. [sʌmtaɪmz ai laik tu haf e kəʊld bír wu-it frɛnds]

667. Disfruto de una copa de vino tinto con la cena. - I enjoy a glass of red wine with dinner. [ai **inyoi** ə glɑs of rɛd wu-áin wu-ɪth 'dɪnər]

668. Me encanta el sabor del chocolate. - I love the taste of chocolate. [ai lʌv ðə teɪst ɒv chɒklət]

669. Agrego azúcar moreno a mi café todas las mañanas. - I add brown sugar to my coffee every morning. [ai æd braʊn **shugar** tu mai **kafi** 'ɛvri **morning**]

670. Unto pan tostado con mantequilla. - I spread butter on toast. [ai sprɛd 'batər on toʊst]

671. Naranja   - Orange - [oranch]
672. Uvas   - Grapes - [gréps]
673. Fresas   - Strawberries - [stra-ber-iz]
674. Limón   - Lemon - [lɛ-mən]
675. Sandía   - Watermelon - [wa-tər-mél-ən]
676. Piña   - Pineapple - [pái-næp-ol]

677. Mango   - Mango - [mán-geʊ]
678. Melocotón   - Peach - [pi-tch]
679. Melón   - Melon - [mél-ən]
680. Espárragos   - Asparagus - [es-pá-rə-gəs]
681. Tomate   - Tomato - [tomeiro]

682. Ajo   - Garlic - [gár-lik]
683. Cebolla   - Onion - [oni -on]
684. Perejil   - Parsley - [párs-li]
685. Albahaca   - Basil - [bá-zəl]
686. Limón   - Lime - [láim]

687. Sandwich - Sandwich - [sæn-wich]
688. Hamburguesa - Hamburger - [hám-bər-gər]
689. Papas fritas - French fries - [frɛntʃ fraɪz]
690. Arándanos - Blueberries - [blú-bɛ-riz]
691. Plátano - Banana - [bə-ná-nə]
692. Manzana - Apple - [áp-əl]

693. Atún   - Tuna - [tiú-na]
694. Mariscos   - Seafood - [sí-fúd]
695. Langosta   - Lobster - [labs-tər]
696. Camarones   - Shrimp - [shrimp]

697. Calamar   - Squid   - [eskwu-íd]
698. Ostras   -   Oysters - [ói-stərz]

699. Limón verde   - Lemon - [lém-en]
700. Almendra   - Almond   - [ál-mend]
701. Avellana   - Hazelnut - [héi-zel-nat]
702. Nuez - Walnut - [wól-nat]
703. Piñones - Pine nuts - [páin nats]
704. Salmón - Salmon - [saelmen]

705. Chuleta de cerdo - Pork chop - [pork chap]
706. Tocino - Bacon - [béi-ken]
707. Salchicha - Sausage - [sosich]
708. Pavo - Turkey - [ter-ki]
709. Pato - Duck - [dak]
710. Pollo frito - Fried chicken - [fraíd chí-ken]

711. Pepino - Cucumber - [kiukambər]
712. Apio - Celery - ['seləri]
713. Pimiento - Bell pepper - [bɛl pɛpər]
714. Calabacín - Zucchini - [zukini]
715. Remolacha - Beetroot - ['bitrut]
716. Espinacas - Spinach - [espinash]

Ejemplos prácticos:

717. Me gusta agregar pepino en ensaladas refrescantes. - I like to add
     cucumber in refreshing salads. [ai laik tu æd kiukambər ɪn rɪfrɛʃɪŋ 'saeledz]
718. El apio es un ingrediente saludable para añadir a los jugos verdes. - Celery
     is a healthy ingredient to add to green juices. ['seləri ɪz ə 'jɛlti ɪn'gridiənt
     tu 'æd tu grin juzis]

719. Los pimientos rojos son deliciosos asados y rellenos. - Red bell peppers are delicious when roasted and stuffed. [rɛd bɛl 'pɛpərz delishes wu-ɛn 'roʊstɪd ænd staft]

720. Preparé una sopa de calabacín para la cena de hoy. - I made a zucchini soup for dinner tonight. [ai meɪd e zukini sup for 'dɪner tonaɪt]

721. La remolacha añade un toque dulce y vibrante a las ensaladas. - Beetroot adds a sweet and vibrant touch to salads. ['bitrut ædz e swu-it ænd 'vaɪbrent taush tu 'sæledz]

722. Las espinacas son ricas en nutrientes y se pueden usar en muchas recetas. - Spinach is rich in nutrients and can be used in many recipes. ['spɪnash ɪz rɪsh ɪn 'nutrients ænd kæn bi iusd ɪn 'manɪ risipis]

723. Queso cheddar - Cheddar cheese - [ché-dər chís]
724. Queso parmesano - Parmesan cheese - [pár-mə-zæn chís]
725. Queso suizo - Swiss cheese - [swu-ís chís]
726. Vainilla - Vanilla - [ve-ní-lə]
727. Canela - Cinnamon - [sí-ne-mən]
728. Menta - Mint - [mínt]
729. Jengibre - Ginger - [yinyer

Ejemplos prácticos:

730. Me encanta el queso cheddar en mis hamburguesas. - I love cheddar cheese on my burgers. [ai lav 'ché-dər chís on mai buerguer)

731. El queso parmesano le da un sabor delicioso a la pasta. - Parmesan cheese adds a delicious flavor to pasta. [də pár-mə-zæn chís ædz e delishes 'fleɪver tu 'paste]

732. Me gusta disfrutar de un buen queso suizo en el desayuno. - I enjoy having a good Swiss cheese for breakfast. [ai inyoi 'javin e gʊd swuís chís for 'brek-fəst]

733. El helado de vainilla es mi favorito. - Vanilla ice cream is my favorite. (və-ní-lə áis krim ɪz mai 'feɪ-ve-rit]

734. Me encanta el aroma de la canela en los postres. - I love the aroma of cinnamon in desserts. [ai lav də eˈroʊ-mə of ˈsɪ-ne-men ɪn dɪzerts]

735. Tomo té de menta para relajarme. - I drink mint tea to relax. [ai drɪŋk mínt ti tu rɪlaeks]

736. Berenjena - Eggplant - [ˈɛgplænt]
737. Mandarina - Mandarin - [ˈmaendɛrɪn]
738. Sandía - Watermelon - [ˈwatərmɛlən]
739. Granada - Pomegranate - [ˈpamɪgraenɪt]
740. Kiwi - Kiwi - [ˈkiwu-i]
741. Coco - Coconut - [ˈkoukenat]

Ejemplos prácticos:

742. Me gusta comer berenjenas asadas. - I like to eat roasted eggplants. [ai laik tu it róus-tid ég-plants]

743. Me encanta el sabor de las mandarinas. - I love the taste of mandarins. [ai lav sə teist of maen-də-rins]

744. Disfruto comer sandía en días calurosos. - I enjoy eating watermelon on hot days. [ai in-joi í-rɪŋ wa-tər-mel-ən on jat deɪz]

745. La granada es una fruta sabrosa. - Pomegranate is a delicious fruit. [ˈpamɪgraenɪt ɪz ə dilishes frut]

746. Me gusta comer kiwis como merienda. - I like to eat kiwis as a snack. [ai laik tu it kiwu-os aez e esnæk]

747. Me encanta el sabor del coco. - I love the taste of coconut. [ai lav sə teist of ˈkoʊ-koʊt]

748. Anacardo - Cashew - [ˈkæshu:]
749. Pistacho - Pistachio - [pɪstɑ:shiu]
750. Higo - Fig - [fɪg]
751. Guayaba - Guava - [ˈguayaba]

752. Mango - Mango - ['mæŋgoʊ]

Ejemplos prácticos:

753. Me gusta comer anacardos como snack. - I enjoy eating cashews as a snack. [ai enyói íting káshus as ə snæk]
754. Los pistachos son mis frutos secos favoritos. - Pistachios are my favorite nuts. [pɪstɑshios ər mai 'feɪvərət nats]
755. Los higos son dulces y jugosos. - Figs are sweet and juicy. [fɪgs ɑr su-it ænd jusi]
756. Me encanta el sabor de la guayaba. - I love the taste of guava. [ai lav də teɪst of 'guayaba]
757. El mango es una fruta tropical muy sabrosa. - Mango is a very delicious tropical fruit. [də 'mæŋgoʊ ɪz ə 'vɛri dilishes tropɪkəl frut]

Capítulo 9
Vocabulario más usado para ropa y calzado en inglés

758. Corbata - Tie - [taɪ]
759. Calcetines - Socks - [saks]
760. Zapatos - Shoes - [shuz]
761. Botas - Boots - [buts]
762. Sandalias - Sandals - [ˈsændɘlz]
763. Camisa - Shirt - [shert]

Ejemplos prácticos:

764. Me gusta usar corbata con mi traje. - I like to wear a tie with my suit. [ai laik tu wɛr e taɪ wu-ith mai sut]
765. Necesito comprar calcetines. - I need to buy socks. [ai nid tu bai saks]
766. Mis zapatos son de color negro. - My shoes are black. [mai shus sr blæk]
767. Las botas son ideales para el invierno. - Boots are perfect for winter. [buts ar perfɪkt for ˈwɪntər]
768. En verano, me gusta usar sandalias. - In summer, I like to wear sandals. [ɪn ˈsamər, ai laik tu wɛr ˈsændəlz]
769. Mi camisa favorita es de color azul. - My favorite shirt is blue. [mai feverit shert ɪz blu]

770. Pantalones - Pants - [pænts]
771. Vestido - Dress - [drɛs]
772. Falda - Skirt - [skert]
773. Chaqueta - Jacket - [yaket]

Ejemplos prácticos:

774. Me gusta usar pantalones cómodos. - I like to wear comfortable pants. [ai laik tu wer kamfertebol pænts]

775. Compré un vestido para la fiesta. - I bought a dress for the party. [ai bat ə dres for də 'pari]

776. La falda que llevas es muy bonita. - The skirt you're wearing is very pretty. [də skert yur 'werɪŋ ɪz vɛri 'prɪti]

777. Ponte la chaqueta porque hace frío afuera. - Put on your jacket because it's cold outside. [put on yor 'yákət bɪkaz ɪts koʊld, aʊtsaɪd]

778. Ropa deportiva - Sportswear - ['sportsweər]

779. Chaqueta impermeable - Raincoat - ['reɪnkoʊt]

780. Gorro - Beanie - ['bini]

781. Pañuelo - Handkerchief - ['jæŋkərtshɪf]

782. Traje de baño - Bathing suit - ['beɪdɪŋ suit]

783. **Ejemplos prácticos:**

784. Me gusta usar ropa deportiva cuando hago ejercicio. - I like to wear sportswear when I exercise. [ai laik tu wɛr sportsweər wu-ɛn ai ɪksersaɪz]

785. Necesito comprar una chaqueta impermeable para los días de lluvia. - I need to buy a raincoat for rainy days. [ai nid tu baɪ e reɪnkoʊt for 'reɪni deɪz]

786. En invierno me gusta usar un gorro para mantenerme abrigado. - In winter, I like to wear a beanie to keep warm. [ɪn 'wɪnter ai laik tu wu-er ə 'bini tu kip warm]

787. Siempre llevo un pañuelo en el bolsillo en caso de necesitarlo. - I always carry a handkerchief in my pocket just in case I need it. [ai ol'wu-eɪz 'kerri ə 'jæŋkərtshɪf ɪn mai 'pɑkɪt yost ɪn keɪs ai nid ɪt]

788. Me encanta nadar en el mar y uso un traje de baño. - I love swimming in the sea and I wear a bathing suit. [ai lav 'suwɪmɪŋ ɪn də si: end ai wu-ɛr ə 'beɪdɪŋ suit]

789. Abrigo - Coat - [koʊt]

790. Suéter - Sweater - [ˈswɛtər]
791. Blusa - Blouse - [blaʊs]
792. Sombrero - Hat - [hæt]

Ejemplos prácticos:

793. Me pongo un abrigo cuando hace mucho frío. - I wear a coat when it's very cold. [ai wu-uɛr e koʊt wu-ɛn its veri koʊld]
794. Mi suéter favorito es de lana. - My favorite sweater is made of wool. [mai ˈfeɪvərɪt ˈswedər ɪz meɪd of wul]
795. Ella tiene una blusa blanca muy bonita. - She has a very pretty white blouse. [shi jæz e ˈvɛri ˈprɪti wu-aɪt ˈblaʊs]
796. Me gusta usar sombrero en días soleados. - I like to wear a hat on sunny days. [ai laɪk tu wu-ɛr e jæt on ˈsani deɪz]

797. Gorra - Cap - [kap]
798. Bufanda - Scarf - [skaːrf]
799. Guantes - Gloves - [glavz]
800. Gafas de sol - Sunglasses - [sanˈglaesɪz]

Ejemplos prácticos:

801. Me gusta usar una gorra para protegerme del sol. - I like to wear a cap to protect myself from the sun. [ai laɪk tu wuɛr ə kap tu pretɛkt maɪˈsɛlf fram də san]
802. En invierno, me abrigo con una bufanda. - In winter, I wrap myself in a scarf. [ɪn wu-ɪntər, ai ræp maɪˈsɛlf ɪn ə skarf]
803. Los guantes me mantienen las manos calientes. - Gloves keep my hands warm. [glavz kip maɪ jaendz worm]
804. Necesito comprar unas gafas de sol nuevas. - I need to buy new sunglasses. [ai nid tu baɪ niu sanˈglaesɪz]

805. Reloj - Watch - [wu-atch]
806. Joyas - Jewelry - [yuleri]
807. Anillo - Ring - [rɪŋ]
808. Collar - Necklace - [ˈnɛklɪs]
809. Pulsera - Bracelet - [ˈbreɪslɪt]
810. Bolsa - Bag - [bæg]

Ejemplos prácticos:

811. Me gusta llevar un reloj elegante en la muñeca. - I like to wear a stylish watch on my wrist. [ai laɪk tu wu-ɛr e ˈstaɪlɪsh wu-atch on maɪ ru-ist]
812. Ella tiene muchas joyas hermosas. - She has many beautiful jewelry. [shi jæz ˈmeni ˈbiutifel yuleri]
813. Mi anillo favorito es de plata. - My favorite ring is made of silver. [maɪ ˈfeɪverɪt rɪŋ ɪz meɪd of ˈsɪlver]
814. El collar que lleva es muy elegante. - The necklace she's wearing is very elegant. [də ˈnɛklɪs shiz ˈwu-ɛrɪŋ ɪz ˈvɛri ˈɛlɪgent]
815. Me regalaron una hermosa pulsera de oro. - I was given a beautiful gold bracelet. [ai wu-as ˈgɪven e ˈbiutefəl goʊld ˈbreɪslɪt]
816. Lleva una bolsa grande para llevar sus cosas. - She carries a big bag to hold her things. [shi ˈkæriz e bɪg bæg tu joʊld jər dinfs]

817. Cartera - Wallet - [ˈwu-alɪt]
818. Cinturón - Belt - [belt]
819. Pijama - Pajamas - [peayama]
820. Ropa interior - Underwear - [ˈandər ˌwu-ɛr]
821. Bañador - Swimsuit - [ˈswuɪmsut]
822. Medias - Tights - [taɪts]

Ejemplos prácticos:

823. Siempre llevo mi cartera conmigo cuando salgo. - I always carry my wallet with me when I go out. [ai 'olwu-eiz 'kerri mai 'wu-alit wu-it mi wu-ɛn ai gou aut]

824. El cinturón le queda perfecto con ese pantalón. - The belt fits him perfectly with those pants. [də bɛlt fits jim perfektli wid douz paents]

825. Me gusta estar cómodo en mi pijama antes de dormir. - I like to be comfortable in my pajamas before sleeping. [ai laik tu bi kamfortəbol in mai peayama bifor slipin]

826. Compré ropa interior nueva en la tienda. - I bought new underwear at the store. [ai bat niu andərwu-ɛr at də estor]

827. Voy a nadar con mi bañador en la piscina. - I'm going to swim with my swimsuit in the pool. [aim 'gouiŋ tu suwim wu-id mai 'suwimsut in də pul]

828. Las medias te mantendrán abrigado en el frío. - The tights will keep you warm in the cold. [də taits wu-il kip yiu worm in də kould]

Capítulo 10
Las profesiones más importantes en inglés

Vocabulario más usado:

829. Médico   - Doctor   - [ˈda-kter]

830. Enfermero/   a - Nurse - [ne-rs]

831. Maestro/a - Teacher - [ˈtishər]

832. Ingeniero/a - Engineer - [enyi-niir]

833. Abogado/a   - Lawyer   - [ˈlayer]

834. Contador/a   - Accountant - [əˈkaʊntent]

835. Arquitecto/a   - Architect - [ˈɑrkɪtekt]

836. Dentista   - Dentist   - [ˈdentɪst]

837. Veterinario/a – Veterinarian   - [ˌvetəreneerien]

838. Programador/a - Programmer   - [ˈproʊɡræmer]

839. Diseñador/a   - Designer   - [diˈzainer]

840. Farmacéutico/a   - Pharmacist - [ˈfarmesist]

841. Peluquero/a   - Hairdresser - [ˈherˌdresər]

842. Chef   - Chef - [shɛf]

843. Actor/actriz - Actor/actress - [ˈæk.ter/ˈæk.trɪs]

844. Músico/a   - Musician   - [miuˈzɪshən]

845. Cantante – Singer - [ˈsɪngər]

846. Bailarín/bailarina – Dancer   - [ˈdaennser]

847. Bombero/a -   Firefighter   - [ˈfaɪrfaɪder]

848. Policía   - Police officer   - [polis ofɪsər]

849. Periodista - Journalist   - [yernalist]

850. Traductor/a - Translator   - [traensleɪter]

851. Psicólogo/a - Psychologist   - [saɪˈkaloyiɪst]

852. Actor de voz - Voice actor - [vois ˈaekter]

853. Electricista - Electrician - [ɪlɛktrɪsən]

854. Plomero/a - Plumber - [ˈplamər]

855. Carpintero/a - Carpenter - [ˈkaːrpentər]

856. Albañil - Mason - [ˈmeɪsen]

857. Jardinero/a - Gardener - [ˈɡardenər]

858. Fontanero/a   - Pipefitter   - [ˈpaɪpfitər]

859. Secretario/a   - Secretary   - [ˈsekrə-teri]

860. Director/a   - Director   - [deˈrektər]

861. Empresario/a   - Entrepreneur - [ˌantreprəˈner]

862. Científico/a   - Scientist   - [ˈsaientɪst]

863. Investigador/a   - Researcher - [riˈsertshər]

864. Analista   – Analyst   - [eˈnælɪst]

865. Consultor/a   - Consultant - [kenˈsaltənt]

866. Artista   - Artist   - [ˈɑrtɪst]

867. Fotógrafo/a   - Photographer - [feˈtagrefər]

868. Entrenador/a   - Coach - [koʊtʃ]

869. Piloto   - Pilot   - [ˈpaɪlot]

870. Asistente administrativo/a   - Administrative assistant - [edˈmɪnɪstreɪtɪv eˈsɪstent]

871. Recepcionista - Receptionist - [rɪˈsepshenɪst]

872. Actor de cine - Film actor - [fɪlm ˈaek.tər]

873. Piloto de avión - Airline pilot - [ˈeərˌlaɪn ˈpaɪlot]

874. Ingeniero de software - Software engineer - [ˈsaft.wu-ɛr enyiner]

875. Médico veterinario - Veterinary doctor - [ˈvɛtərənari ˈdaktər]

876. Escritor/a - Writer - [ˈraɪrer]

877. Psiquiatra - Psychiatrist - [saɪˈkaɪetrɪst]

878. Camarero/a   - Waiter/waitress   - [ˈweɪter/ˈweɪtris]
879. Detective   - Detective   - [dɪˈtɛktɪf]
880. Bombero forestal   - Forest firefighter - [ˈforɪst ˈfaɪrfaɪ.dər]
881. Técnico de laboratorio   - Laboratory technician - [leˈbarətori tɛknɪshen]
882. Traductor/a jurado   - Sworn translator   - [suorn traensˈleɪter]

883. Profesor/a particular - Tutor - [ˈtuːter]
884. Escultor/a - Sculptor - [ˈskalp.sher]
885. Actor de voz en off - Voice-over actor - [voɪs ˈoʊverr ˈaek.ter]
886. Guardia de seguridad - Security guard - [sɪˈkiʊreti gɑ-rd]
887. ntrenador/a personal - Personal trainer - [ˈpeːrsenəl ˈtreɪner]
888. Asistente de vuelo - Flight attendant - [flaɪt etɛndent]

889. Terapeuta - Therapist - [ˈdeɛrəpɪst]
890. Piloto - Pilot - [ˈpaɪlot]
891. Investigador/a - Researcher - [rɪˈsertshər]
892. Diseñador/a gráfico/a - Graphic designer - [ˈgraefɪk dɪzaɪner]
893. Chef - Chef - [ʃɛf]

894. Científico/a   - Scientist   - [ˈsaɪəntɪst]
895. Fotógrafo/a   - Photographer   - [feˈtaːgrəfər]
896. Electricista   - Electrician   - [ɪˌlekˈtrɪshen]
897. Periodista   - Journalist   - [yournalist]
898. Cuaderno - Notebook - [nóut-buk]
899. Agenda - Planner - [plán-er]
900. Mochila - Backpack - [bak pac]
901. Paraguas - Umbrella - [em-brel-e]

Capítulo 11

Las palabras más importantes relacionadas a animales y naturaleza

902. Perro   - Dog   - [dɑg]
903. Gato   - Cat   - [kat]
904. Pájaro   - Bird   - [beːrd]
905. Pez   - Fish   - [fɪsh]
906. Conejo   - Rabbit   - [ˈraebɪt]
907. Caballo   - Horse   - [jars]
908. Vaca   - Cow   - [kaʊ]

909. Cerdo   - Pig - [pɪg]
910. Oveja   - Sheep - [shiːp]
911. Elefante   - Elephant   - [ˈelɪfənt]
912. León   - Lion   - [ˈlaien]
913. Tigre   - Tiger - [ˈtaɪgər]
914. Jirafa   - Giraffe - [yiraf]
915. Mono   - Monkey - [ˈmaŋki]
916. Cebra   - Zebra - [ˈzibrə]

917. Cocodrilo   - Crocodile - [ˈkrakedaɪl]
918. Serpiente   - Snake   - [sneɪk]
919. Tortuga   - Turtle   - [ˈteːrolt]
920. Rana   - Frog   - [frɑg]
921. Araña   - Spider   - [ˈspaɪdər]
922. Mariposa   - Butterfly - [ˈbaterflaɪ]
923. Abeja   - Bee   - [biː]
924. Hormiga -   Ant   - [ænt]

925. Mosquito   - Mosquito - [meskiːroʊ]
926. Búho   - Owl - [aʊl]
927. Zorro   - Fox - [faks]

928. Oso   – Bear   - [bɛər]
929. Lobo   - Wolf   - [wuolf]
930. Águila   - Eagle   - [ˈiːgol]
931. Delfín   - Dolphin   - [ˈdalfɪn]
932. Ballena   - Whale   - [wu-aɪl]

933. Pingüino   - Penguin   - [ˈpeŋgu-ɪn]
934. Coral   - Coral   - [ˈkouːrəl]
935. Bosque   - Forest   - [ˈfoːrɪst]
936. Montaña   - Mountain   - [ˈmaʊntɪn]
937. Río   - River   - [ˈrɪvər]
938. Lago   - Lake   - [leɪk]
939. Playa   - Beach   - [bish]

940. Cielo - Sky - [skaɪ]
941. Sol - Sun - [san]
942. Luna - Moon - [muːn]
943. Estrella - Star - [staːr]
944. Nube - Cloud - [klaʊd]
945. Hierba - Grass - [græs]
946. Flor - Flower - [ˈflaʊər]
947. Árbol - Tree - [triː]

948. Hoja - Leaf - [liːf]
949. Tierra - Earth - [eːrth]
950. Aire - Air - [ɛər]
951. Agua - Water - [ˈwuoːrer]

952. Mar - Sea - [siː]
953. Océano - Ocean   - [ˈoʊshen]
954. Montaña - Mountain - [ˈmaʊnten]
955. Desierto - Desert   - [ˈdɛzərt]
956. Selva - Jungle   - [yangel]
957. Pradera - Prairie - [ˈprɛri]

958. Bosque tropical   - Rainforest - [ˈreɪnfarɪst]
959. Glaciar   - Glacier - [ˈgleɪshər]
960. Cascada   - Waterfall   - [ˈwarerfaːl]
961. Isla   - Island   - [ˈaɪlənd]

962. Río   - River - [ˈrɪvər]
963. Estanque - Pond - [pand]
964. Volcán   - Volcano - [valˈkeɪnoʊ]
965. Avestruz   - Ostrich - [ˈastrɪtʃ]

966. Camaleón   - Chameleon - [keˈmiːliən]
967. Koala   - Koala - [ˈkoʊlə]
968. Hipopótamo   - Hippopotamus - [ˌhɪpeˈpateməs]
969. Canguro   - Kangaroo   - [kæŋgeˈruː]

970. Serpiente de cascabel   - Rattlesnake - [ˈraetelsneɪk]
971. Tiburón   - Shark - [shark]

Capítulo 12
Deportes y actividades físicas en inglés más usadas

972. Fútbol   - Soccer   - [ˈsakər]
973. Baloncesto   - Basketball   - [ˈbɑːskətˌbol]
974. Tenis   - Tennis   - [ˈtenɪs]
975. Béisbol   - Baseball   - [ˈbeɪsˌboːl]
976. Voleibol   - Volleyball   - [ˈvaliˌboːl]
977. Rugby   - Rugby   - [ˈrɑgbi]
978. Golf   - Golf   - [galf]

979. Natación   – Swimming   - [ˈsuɪmɪŋ]
980. Atletismo   – Athletics   - [əˈtlɛtɪks]
981. Ciclismo   – Cycling   - [ˈsaɪklɪŋ]
982. Esquí   – Skiing   - [ˈeskiɪŋ]
983. Patinaje sobre hielo   - Ice skating - [ˈaɪs ˈeskeɪtɪŋ]
984. Surf   - Surfing   - [ˈseːrfɪŋ]
985. Escalada   - Climbing   - [ˈklaɪmɪŋ]
986. Boxeo   - Boxing   - [ˈbokxɪŋ]

987. Karate   - Karate   - [keˈrɑːti]
988. Yoga - Yoga   - [ˈjouge]
989. Pilates - Pilates   - [pɪˈlɑːtiːz]
990. Ballet - Ballet   - [ˈbælet]
991. Gimnasia   - Gymnastics - [yimnæstɪks]
992. Halterofilia - Weightlifting - [ˈweɪtlɪftɪŋ]

993. Fisicoculturismo - Bodybuilding - [ˈbɒriˌbɪldɪŋ]
994. Senderismo   - Hiking   - [ˈjaɪkɪŋ]

995. Carrera   - Running -   [ˈranɪŋ]
996. Fútbol americano -   American football - [eˈmɛrɪkən ˈfatˌbɔːl]
997. Hockey sobre hielo - Ice hockey - [ˈaɪs ˈjaki]
998. Artes marciales - Martial arts - [ˈmɑrshial ɑ rts]
999. Baile   - Dance   - [daens]

1000. Esgrima   - Fencing - [ˈfɛnsɪŋ]
1001. Paracaidismo   - Skydiving - [ˈskaɪˌdaɪvɪŋ]
1002. Patinaje sobre ruedas   - Roller skating - [ˈroʊlər ˈskeɪtɪŋ]
1003. Buceo   - Scuba diving   - [ˈskiuːba ˈdaɪvɪŋ]
1004. Carreras de autos   - Car racing   - [kɑr ˈreɪsɪŋ]
1005. Esnórquel   - Snorkeling   - [ˈsnɔrrklɪŋ]
1006. Alpinismo   - Mountaineering - [ˈmaʊnteˌnɪrɪŋ]

Capítulo 13
Palabras de Tecnología y dispositivos electrónicos en inglés más usados

1007. Teléfono   - Phone - [faʊn]

1008. Computadora   - Computer - [kəmˈpiuːrər]

1009. Tableta - Tablet   - [ˈtæb.lɪt]

1010. Teléfono inteligente   - Smartphone - [smɑ-rtˈfaʊn]

1011. Laptop/Portátil   - Laptop - [ˈlæp.tɑp]

1012. Televisión   - Television/TV - [ˈtɛl.e.vɪ.shen/ˈtiː.vi]

1013. Cámara   - Camera - [ˈkaem.re]

1014. Auriculares   - Headphones   - [ˈjɛd.foʊnz]

1015. Altavoz   - Speaker   - [ˈespiːkər]

1016. Micrófono   - Microphone   - [ˈmaɪ.krə.faʊn]

1017. Ratón   - Mouse   - [maʊs]

1018. Teclado   - Keyboard   - [ˈkiː.boːrd]

1019. Pantalla   - Screen   - [eskriːn]

1020. Impresora   – Printer   - [ˈprɪn.ter]

1021. Escáner   - Scanner   - [ˈskæn.er]

1022. Disco duro   - Hard drive   - [jɑːrd draɪf]

1023. USB - USB   - [ˈiuːɛs.biː]

1024. Tarjeta de memoria   - Memory card   - [ˈmɛm.er.i kaːrd]

1025. Wi-Fi - Wi-Fi   - [ˈwu-aɪ.faɪ]

1026. Bluetooth   - Bluetooth   - [ˈbluː.tuh]

1027. Aplicación   - App - [æp]

1028. Correo electrónico   - Email - [ˈiːmeɪl]
1029. Red social   - Social media   - [ˈsoʊ.shial ˈmi.di.a]

1030. Navegador web   - Web browser - [wɛb ˈbraʊ.zər]
1031. Videojuego   - Video game - [ˈvɪ.di.oʊ geɪm]
1032. Reproductor de música   - Music player - [ˈmiu.zɪk ˈpleɪ.yər]
1033. Televisión inteligente   - Smart TV - [smart tiːˈviː]
1034. Control remoto   - Remote control - [rɪˈmout kentroʊl]
1035. Batería   - Battery   - [ˈbaereri]

1036. Cargador   - Charger   - [ˈsharyer]
1037. Sistema operativo   - Operating system - [ˈape.reɪ.tɪŋ ˈsɪstəm]
1038. Software   - Software   - [ˈsaft.wu-eər]
1039. Hardware   - Hardware - [ˈjɑːrd.wu-eər]
1040. Conexión a internet   - Internet connection - [ˈɪntər.nɛt keˈnɛk.shən]
1041. Realidad virtual - Virtual reality - [ˈviː.shuelː riˈaelti]

Capítulo 14
Lugares y direcciones más importantes que hay en inglés

1042. Casa   - House - [jaʊs]
1043. Apartamento   - Apartment - [əˈpɑrt.mənt]
1044. Calle   - Street   - [str-it]
1045. Avenida   - Avenue - [ˈaev.əniuː]
1046. Carretera   - Road   - [roʊd]
1047. Plaza   - Square   - [skuɛər]

1048. Parque - Park - [pɑːrk]
1049. Jardín - Garden - [ˈgɑr.dən]
1050. Playa - Beach - [bish]
1051. Montaña - Mountain - [ˈmaʊn.tɪn]
1052. Río - River - [ˈrɪv.ər]
1053. Lago - Lake - [leɪk]

1054. Mar   - Sea - [siː]
1055. Océano   - Ocean - [ˈoʊ.shən]
1056. Isla   - Island   - [ˈaɪ.lənd]
1057. Pueblo   - Town   - [taʊn]
1058. Ciudad   - City   - [ˈsɪ.ti]
1059. País   - Country   - [ˈkan.tri]

1060. Continente - Continent - [ˈkan.tɪ.nənt]
1061. Provincia - Province   - [ˈprɑvɪns]
1062. Estado - State   - [steɪt]
1063. Región – Region   - [ˈriːyen]

1064. Barrio – Neighborhood   - [ˈneɪbər.hʊd]
1065. Edificio - Building   -   [ˈbɪldɪŋ]

1066. Centro comercial   - Mall - [mol]
1067. Restaurante   - Restaurant - [ˈrɛs.te.rant]
1068. Hotel   - Hotel   - [joʊˈtɛl]
1069. Hospital   – Hospital   - [ˈjas.pɪ.təl]
1070. Escuela   - School   - [eskuːl]

1071. Universidad   - University   - [ˌiuː.neveːr.sɪ.ti]
1072. Biblioteca   - Library   - [ˈlaɪ.brəri]
1073. Tienda   - Store   - [estor]
1074. Supermercado   - Supermarket   - [ˈsuː.pərˌmar.kɪt]
1075. Estación de tren   - Train station   - [treɪn ˈsteɪ.shen]
1076. Aeropuerto   - Airport   - [ˈɛer.port]

1077. Terminal de autobuses   - Bus terminal   - [bas ˈteːr.mɪ.nəl]
1078. Oficina de correos   - Post office   - [poʊst ˈaf.ɪs]
1079. Parada de autobús   - Bus stop   - [bas stap]
1080. Estadio   - Stadium   - [ˈsteɪ.di.um]
1081. Teatro   - Theater   - [ˈdierər]
1082. Museo   - Museum   - [miuˈziː.əm]
1083. Cine   - Cinema   -   [ˈsɪn.e.mə]

1084. Iglesia -   Church   - [shersh]
1085. Sinagoga   - Synagogue -   [ˈsɪn.e.gag]
1086. Mezquita   - Mosque   - [maːsk]
1087. Templo   – Temple   - [ˈtem.pl̩]
1088. Ayuntamiento   - City hall   - [ˈsɪ.ti hol]
1089. Estación de policía   - Police station   - [poˈlis ˈsteɪ.shen]
1090. Parque de atracciones   - Amusement park   - [eˈmiuz.-ment paːrk]
1091. Zoológico   - Zoo - [zuː]

Capítulo 15

Regla de los verbos regulares en inglés

Si bien existen más de 200 verbos regulares en inglés, en este capítulo te mostraré los 21 más utilizados en la vida cotidiana en Estados Unidos y que te ayudarán para dominar este idioma.

Todos los verbos regulares son aquellos que siguen un patrón predecible al formar el pasado simple y el participio pasado.

En inglés, la regla general para la formación de esta clase de verbos regulares es agregar "-ed" al final de cada verbo en su forma base para formar el pasado simple y el participio pasado. En el presente simple, se utiliza la forma base del verbo.

A continuación, la regla simplificada para los verbos regulares en inglés:

Presente simple: Verbo en forma base presente (sin cambio alguno)

Ejemplo: Work (trabajar), Play (jugar) Walk (caminar)…

Ejemplo de Conjugación: I work (yo trabajo) She Plays (ella juega) We walk (Nosotros caminamos)

Pasado simple: Verbo + "-ed" al final

Ejemplo: worked (trabajó), played (jugó)   Walked (Caminó)

Ejemplo de Conjugación: I worked (yo trabajé)…   She pleyed (jugó)

Participio pasado: Verbo + "-ed" al final

Ejemplo: Worked (Trabajado), played (jugado)   Walked (caminado)

Ejemplo de Conjugación: I had worked (yo habia trabajado)…

Gerundio: Verbo +ing al final.

Ejemplo de Conjugación:

Ejemplo: Working (trabajando) Playing (jugando)…

Ejemplo de Conjugación: Im working (yo estoy trabajando) - He is playing (él está jugando)…

Es importante señalar, que hay algunas variaciones en la forma de agregar al final "-ed" dependiendo de la terminación del verbo en su forma base. **Por ejemplo:**

Si el verbo termina en "e", solo se agrega "-d" al final.

Ejemplo: love (amar) -> loved (amó)

Save   (Ahorrar, salvar) - Saved (ahorró)

Otra regla que hay que tener en cuenta es: Si el verbo termina en una vocal corta seguida de una consonante, se duplica la consonante final antes de agregar "-ed".

Por ejemplo: stop (parar) -> stopped (paró)…

No debes preocuparte por aprender exactamente todas las reglas. Ya que no es vital para aprender inglés rápido. Lo importante es memorizar todas las expresiones prácticas y emplearlas en la realidad. Las reglas paulatinamente irás dominándolas conforme avances.

Los 21 Verbos regulares más usados en ingles en los 4 tiempos principales

*Pasado simple y pasado participio los verbos se escriben igual y se pronuncian igual, por ese motivo omitiré poner el mismo verbo participio pronunciado. Recuerda que en el participio todos los verbos terminan en ado, es decir amado, jugado, estudiado, trabajado, bailado, hablado, etc. El motivo es que se conjugan de esta manera: Yo he jugado, ella ha trabajado, nosotros hemos hablado, tú has jugado…

Forma de estudiarlo:

Verbo español + Verbo en ingles + Pronunciación fonética.

Presente verbo sin modificar + Pasado Ed + Participio ed + Gerundio ing

1092. Amar - Love -(lav)   - Amó -Loved- (lavd)   - Amando -Loving (laving)

1093. Jugar - Play - (plei) - Jugó- Played (pleid)   -Jugando -Playing (pleing)

1094. Estudiar -Study –(stadi) -Estudió – Studied -(stadiyd) – Estudiando - studing (estading)

1095. Trabajar - Work – (wu-erk - Trabajó -Worked- (wu-ərkt)   -Trabajando -Working -(wu-erking)

1096. Bailar - Dance – (dans) - Bailó – Danced –(dansd) -   Bailando - Dancing- (dansing)

1097. Hablar - Talk –(tok) -   Habló -Talked – (toːkt) - Hablando - Talking -(toking)

1098. Caminar - Walk - [woːk]   - Caminó -Walked -[woːkd]   -Caminando – Walking (gu-oking)

1099. Vivir - Live - [lɪv]   - Vivió - Lived - [lɪv]   - Viviendo- Living- (living)

1100. Abrir - Open - [ˈoʊpən]   - Abrió -Opened - [oʊpən]   - Abriendo - Opening(oʊpəning)

1101. Cerrar - Close - [kloʊz]   -   Cerró- Closed- [kloʊz]   - Cerrando –
Closing (kloʊzing)

1102. Llamar - Call - [koːl]   - Llamó - Called - [koːld) - Llamando-
Calling- (koling)

1103. Ayudar - Help - [jɛlp]   -Ayudó – Helped - [jɛlpd] - Ayudando-
Helping –(jelping)

1104. Necesitar - Need - [niːd]   - Necesitó – Needed - (nɪːdɪd) -
Necesitando – Needing - (nɪːdɪng)

1105. Querer - Want- [wuaːnt]   - Quiso – Wanted- [wuaːntid) -
Queriendo-Wanting- (guan-ting)

1106. Gustar - Like - [laɪk]   -   Gustó -liked- (laɪkt) - Gustando-
liking- (laiking)

1107. Disfrutar -Enjoy - [ɪnyoi]   - Disfrutó -Enjoyed- (inyoid) -
Dsifrutando- Enjoying (enyoing)

1108. Viajar-Travel - [trævəl]   - Viajó -Traveled - [trævəld] - Viajando -
Traveling - [trævəling)

1109. Cocinar -Cook - - [kʊk]   - Cocinó -Cooked- - [kʊkd -   Cocinando -
Cooking- - [kʊking)

1110. Beber - Drink - [drɪŋk]   -   Bebió - Drinked - [drɪŋkd] - Bebiendo -
Drinking - [drɪŋking]

1111. Ver - Watch - [wu-atsh]   - Vio - Watched - [wu-tashed] - Viendo -
Watching - [wu-atshing]   -

1112. Escuchar -Listen - [ˈlɪsən]   - Escuchó - Listened - [ˈlɪsɛnd] -
Escuchando - Listening - [ˈlɪsening]

Regla de los Verbos Irregulares más usados en ingles

A diferencia de los verbos Regulares que estudiamos en la sección anterior, Los verbos irregulares son todos aquellos que no siguen la regla típica de agregar "-ed" al final del verbo para formar el pasado y el pasado participio. Cabe señalar, que, cada verbo irregular tiene su propia forma única para el pasado y el pasado participio, y no sigue una regla previsible como suele pasar con los regulares. **Es por eso la importancia de memorizar esta clase de verbos.**

.A continuación tienes la regla simplificada para los verbos irregulares en inglés, incluyendo la formación del pasado simple, participio pasado y futuro, de la misma forma que los verbos anteriores:

Presente simple: La forma base del verbo irregular se mantiene sin cambios tal cual.

Ejemplo: go (ir), have (tener), Sleep (dormir)…

Ejemplo de Conjugación: I go (yo voy), They have (ellos van) , I sleep (yo duermo)…

Pasado simple: La forma del verbo cambia y no sigue un patrón determinado. Es necesario aprender de memoria la forma pasada de cada verbo irregular.

Ejemplo sin conjugar: went (fue), had (tuvo) , Slept (durmió)…

Ejemplo de Conjugación

I went (Yo fui)…   They slept (Ellos durmieron)   She had (ella tuvo)

Participio pasado: Al igual que el pasado simple, la forma del verbo cambia y no sigue un patrón específico. También es necesario aprender de memoria la forma del participio pasado de cada verbo irregular. Recordemos que este tiempo los verbos suelen terminar en ido o ado.

Ejemplo: Gone (ido), > had (tenido)…

Ejemplo de Conjugación: I have gone (me he ido) -   They have had money (Ellos han tenido dinero)… We have slept (nosotros hemos dormido)

Tiempo Futuro: El futuro se forma utilizando el auxiliar "will" seguido del verbo en su forma base, tanto para los verbos regulares como los irregulares.

Ejemplo: go (ir) -> will go (iré), have (tener) -> will have (tendré)

I Will sleep (Yo dormiré) - I Will have money (Yo tendre dinero)   - She Will Work tomorrow (ella trabajará mañana)…

Lista de Verbos irregulares más importantes y usados en inglés

Forma de estudiarlo:

Verbo español + Verbo en ingles + Pronunciación fonética.

Presente verbo sin modificar + Pasado + Participio   + Futuro

***Was y were significan lo mismo, pero was se usa solo para tercera persona de She, He e it. Mientras tanto Were para You, they, I.**

1113. **Verbo estado Base**: Ser/estar   -Be -(bi)

1114. **Pasado simple:** Estaba, fue -   Was (wu-az) - Were (wu-eːr)

1115. **Pasado participio**: Sido, estado. -   Been   - (bin)

1116. **Futuro:** Seré, estaré.   -   Will be   -(wu-ıl bi)

1117. **Verbo estado Base**: Haber/tener - Have -(jaf o jav)

1118. **Pasado simple:** Tenía/ había   - Had   -(Jæd)

1119. **Pasado participio:** Tenido/ habido - Had - (jæd)

1120. **Futuro:** Tendrá   - will have   - (wu-il jæv)

1121. **Verbo estado Base:** Hacer -   Do - (du)

1122. **Pasado simple:** Hizo   -   Did -(dıd)

1123. **Pasado participio:** Hecho   -   Done -(dan)

1124. **Futuro:**   Hará   - Will do -(wu-ıl du)

1125. **Verbo estado Base:** Decir   -   Say   - (sei)
1126. **Pasado simple:** Dijo   - Said   - (sɛd)
1127. **Pasado participio:** Dicho   - Said   -(sɛd)
1128. **Futuro:** Dirá   -   Will say   -(wu-ɪl seɪ)

1129. **Verbo estado Base:** Ir -   Go   - (gou)
1130. **Pasado simple:**   Fue -   Went- (wu-ɛnt)
1131. **Pasado participio:** Ido   -   Gone- (gan)
1132. **Futuro:**   Irá   - Will go -(wu-il gou)

1133. **Verbo estado Base:** Hacer   - Make - (meik)
1134. **Pasado simple:** Hizo   - Made - (meɪd)
1135. **Pasado participio:** Hecho   - Made   - (meɪd)
1136. **Futuro:** Haré   -   Will make- (wu-ɪl meɪk)

1137. **Verbo estado Base:** Tomar   - Take -   (teik)
1138. **Pasado simple:** Tomó   -   Took   - (tʊk)
1139. **Pasado participio:** Tomado   -   Taken - ('teɪkən)
1140. **Futuro:** Tomará   -   Will take   - (wɪl teɪk)

1141. **Verbo estado Base:** Ver   - See   -   (si)
1142. **Pasado simple:** Vio   Saw   - (soː)
1143. **Pasado participio:** Visto   - Seen   - (siːn)
1144. **Futuro:** Verá   -   Will see- (wu-ɪl siː)

1145. **Verbo estado Base:** Venir -   Come -(kom)
1146. **Pasado simple:** Vino   Came- (keɪm)

1147. **Pasado participio:** Venido   -   Come -(kam)
1148. **Futuro:** Vendrá   -Will come- (wu-ɪl kam)

1149. **Verbo estado Base:** Saber/conocer -   Know- (nou)
1150. **Pasado simple:** Sabía/conocía -   -   Knew -(niuː)
1151. **Pasado participio:** Conoció   -   Known -(noʊn)
1152. **Futuro:** Conocerá   **-**   Will know - (wu-ɪl noʊ)

1153. **Verbo estado Base:** Obtener/conseguir-   Get - (get)
1154. **Pasado simple:** Consiguió   -   Got -(gat)
1155. **Pasado participio:** Conseguido   -   Gotten -(ˈgatən)
1156. **Futuro:** Conseguirá   -   Will get -(wu-ɪl gɛt)

1157. **Verbo estado Base:** Dar-   -   Give - (gɪv)
1158. **Pasado simple:** Dio   -   Gave -(ge-ɪv)
1159. **Pasado participio:** Dado   Given- (ˈgɪvən)
1160. **Futuro:** Dará   - Will give - (wu-ɪl gɪv)

1161. **Verbo estado Base:** Encontrar -   Find -(faund)
1162. **Pasado simple:** Encontró   -   Found -(faʊnd)
1163. **Pasado participio:** Encontrado -   Found -(faʊnd)
1164. **Futuro:** Encontrará -   Will find (wu-ɪl faɪnd)

1165. **Verbo estado Base:** Pensar)   **-**   Think - (dhink)
1166. **Pasado simple:**   Pensó   -   Thought - (tat)
1167. **Pasado participio:** Pensado   -Thought -(tat)
1168. **Futuro:**   Pensará   -   Will think -(wu-ɪl dɪŋk)

1169. **Verbo estado Base:** (contar/describir) -Tell -(tel)
1170. **Pasado simple:** Contó -   Told -(toʊld)
1171. **Pasado participio:** Contado   - Told -(toʊld)
1172. **Futuro:** Contará   -   will tell -(wu-ɪl tɛl)

1173. **Verbo estado Base:** Convertirse -   Become – (bicom)
1174. **Pasado simple:** Convertió   - Became -(bɪˈkeɪm)
1175. **Pasado participio:** Convertido -   Become -(bɪˈkam)
1176. **Futuro:** Convertirá   -   Will become -(wu-ɪl bɪˈkam)

1177. **Verbo estado Base:** Mostrar-   Show - (shou)
1178. **Pasado simple:** Mostró   -   Showed- (shoud)
1179. **Pasado participio:** Mostrado   -Shown -(shoun)
1180. **Futuro:** Mostrara   -   Will show -(wu-ɪl shoun)

1181. **Verbo estado Base:** Dejar/partir)   -   Leave -(lif)
1182. **Pasado simple:**   Dejo   - Left -(lɛft)
1183. **Pasado participio:** Dejado   -   Left -(lɛft)
1184. **Futuro:** Dejará   -   Will leave -(wu-ɪl lif)

1185. **Verbo estado Base:** Sentir-   Feel - (fiil)
1186. **Pasado simple:** Sintió   -   Felt -(fɛlt)
1187. **Pasado participio: Sentido -**   felt- (fɛlt)
1188. **Futuro:** Sentirá   -   Will feel - (wu-ɪl fil)

1189. **Verbo estado Base:** Traer   -Bring - (bring)
1190. **Pasado simple:**   Trajo -   Brought -(brɔːt)

1191. **Pasado participio**: Traido -   Brought   - (braːt)
1192. **Futuro:** Traerá   -   Will bring   - (wu-ɪl brɪŋ)

1193. **Verbo estado Base:** Mantener-   Keep -(kiip)
1194. **Pasado simple:** Mantuvo -   Kept -(kɛpt)
1195. Pasado participio:Mantenido -   Kept- (kɛpt)
1196. **Futuro:** Mantendrá   -   Will keep -(wu-ɪl kiːp)

1197. **Verbo estado Base:**   (Estar de pie)   - Stand -(estand)
1198. **Pasado simple:** Estuvo de pie -   Stood -(stʊd)
1199. **Pasado participio:** Estado de pie - Stood -(stʊd)
1200. **Futuro:** Estará de pie - Will stand - (wu-ɪl -stænd)

1201. **Verbo estado Base:** (Oír) -   Hear- (jird)
1202. **Pasado simple:** Oyó   -   Heard - (Jeːrd)
1203. **Pasado participio:** Oído   -   Heard- (jeːrd)
1204. **Futuro:**   -   Oirá   - Will hear -(wu-ɪl jir)

1205. **Verbo estado Base:** (Poner) -   Put -(put)
1206. **Pasado simple:** Puso   -   put   -(pʊt)
1207. **Pasado participio:** Puesto   -   Put - (pʊt)
1208. **Futuro:** Pondrá   -   Will put (wu-ɪl pʊt)

1209. **Verbo estado Base:** (Leer) -   Read –(red)
1210. **Pasado simple:** Leyó   -   Read   - (rɛd)
1211. **Pasado participio:** Leído   -   Read (rɛd)
1212. **Futuro:** Leerá   -   Will read   - (wu-ɪl rɪd)

Capítulo 16
Regla de las Frases verbales

Las frases verbales en inglés, también llamadas phrasal verbs, son una serie de combinaciones de: un verbo + una preposición/adverbio. Que en combinación consiguen un significado muy diferente al verbo original. Y que no suelen ser traducidos separadamente.

Y es por eso que tienen que ser aprendidos de memoria, porque se usan con frecuencia en conversaciones cotidianas y textos escritos. Debido a que amplían la variedad y fluidez al lenguaje, permitiéndonos expresar ideas de manera más precisa y coloquial.

Pese a que existen más de 1000 diferentes frases verbales, la realidad es que no todos se suelen emplear en el día a día, por tal motivo, en este capítulo solo te muestro las 25 frases verbales más importantes que realmente se usan en la vida real, y que bastará para comunicarte sin problemas.

Debes tener en cuenta que: Aprender las frases verbales puede parecer muy difícil al principio, ya que su significado no siempre es evidente, debido a que siempre se quiere traducir para saber su significado. No obstante, al familiarizarte con ellas con el paso de los días, podrás mejorar tu comprensión del idioma y comunicarte de manera más efectiva.

Las frases verbales son más fáciles de recordar si las asocia con ejemplos y contextos específicos. También es una muy buena idea practicar su uso en conversaciones reales o leer textos donde se usan de forma natural.

Por tanto, siempre ten en mente, que las frases verbales pueden tener múltiples significados independientemente de la combinación de verbos, adverbios etc, por lo que es importante prestar atención al contexto para comprender su sentido exacto.

A continuación, las frases verbales más usados en la vida real en Estados Unidos. Trata de memorizarlas, y practicarlas todos los días.

25 frases verbales más usadas

1213. Esperar con ilusión -   Look forward to - (luuk forgu-ard tu)

Ejemplo de uso: Espero con ilusión verte. - I look forward to seeing you. - (ai forgu-ard tu sin iu)

1214. Rendirse   -   Give up   - (gɪv ap)

Ejemplo de uso: No te rindas en tus sueños. - Don't give up on your dreams. (dont givap an your drims)

1215. Establecer o configurar - Set up   (setap)

Ejemplo de uso: Necesitamos establecer una reunión.   -We need to set up a meeting. -(wu-i niid tu setap e miiting)

1216. Posponer -   Put off   (putaf)
Ejemplo de uso: Postpongamos la fiesta hasta la próxima semana.-
Let's put off the party until next week. - (lets putaf di pari antil nekxt gu-ik)

1217. Cuidar de   -Take care of - (teɪk kɛr af)

Ejemplo de uso: Ella cuida de sus hermanos menores.   -She takes care of her younger siblings. - (shi teik ker af jer yonguer siblings)

1218. Adelante   -   Go ahead (goʊ əˈjɛd)

Ejemplo de uso: Puedes ir adelante y comenzar sin mí. -You can go ahead and start without me. (ou can gou e jed end estart gu-idaut mi)

1219. Llevarse bien con   -   Get along with   - (get elong gu-it)

Ejemplo de uso: . Me llevo bien con mis padres. - I get along with my parents (ai get elong gu-it mai pearents)

1220. Mencionar o criar -   Bring up (bring ap)

Ejemplo de uso: Él mencionó un tema interesante. -He brought up an interesting topic. - (ji brat ap an interisting tapic)

1221. Look up to (admirar)   (luk ʌp tu:)

Ejemplo de uso: Admiro a mis padres. - I look up to my parents. -(luk ʌp tu mai paerents)

1222. Ceder o rendirse   - Give in - (gɪv ɪn)

Ejemplo de uso: Después de una larga discusión, finalmente se rindió. After a long argument, she finally gave in. (afder e long argiument shi fainali gɪv ɪn)

1223. Averiarse o derrumbarse - Break down - (breɪk daʊn)

Ejemplo de uso: Mi auto se averió en la autopista. - My car broke down on the highway. -(mai car brouk daun an di jaiwu-ei)

1224. Encender - Turn on - (tern an)

Ejemplo de uso: ¿Puedes encender las luces, por favor? -Can you turn on the lights, please? -(can iu terna n di laigths, plis)

1225. Quedarse sin   - Run out of   - (ran aut af)
Ejemplo de uso: Nos quedamos sin leche. - We ran out of milk. – (Gu-i ran aut af milk)

1226. Devolver   - Give back   - (gɪv bæk)

Ejemplo de uso: Por favor, devuelve el libro cuando termines. - Please give back the book when you're done. (plis giv back di buuk gu-en your don)

1227. Recoger -   Pick up - (pɪk ʌp)

Ejemplo de uso: Te recogeré en el aeropuerto. - I'll pick you up at the airport. - (ail pɪk ʌp at di erport)

1228. Tener cuidado o estar atento - Look out - (lʊk aʊt)

Ejemplo de uso: Ten cuidado con los autos al cruzar la calle. - Look out for cars when you cross the street. - (lukaut for cars gu-en yiu cras da estriit)

1229. Colgar el teléfono   -   Hang up - (jaeng ap)

Ejemplo de uso: Necesito colgar ahora. - I need to hang up now. -(ai niid tu jaeng ap nao)

1230. Superar   -   Get over   - (get ouver)

Ejemplo de uso: Lleva tiempo superar una ruptura. -   It takes time to get over a breakup.   - (it teik taim tu get ouver e breik ap)

1231. Bring down (bajar o reducir)
Ejemplo de uso: Necesitamos reducir los costos.   We need to bring down the costs. (gu-i niid tu bring daun da cost)

1232. Regalar o revelar   -   Give away   - (gɪv ə'wu-eɪ)
Ejemplo de uso: Ella regaló toda su ropa vieja. - She gave away all her old clothes. - (shi geiv awu-ei ol jer ould couths)

1233. Llenar un formulario   -   Fill out   - (fɪl aʊt)
Ejemplo de uso: Por favor, completa este formulario de solicitud. - Please fill out this application form.

1234. Esperar o aguantar   -   Hold on   - (jould an)
Ejemplo de uso: Espere un momento, por favor. -   Hold on for a moment, please. (jould an for e momento)

1235. Continuar   - Go on - (goʊ ʌn)
Ejemplo de uso: El espectáculo debe continuar. - The show must go on. - (di shou mast gou an)

1236. Despegar o quitarse   -   Take off - (teik af)
Ejemplo de uso: El avión está a punto de despegar. - The plane is about to take off. - (di plein es abaut tu teik af)

1237. Ponerse   -   Put on   -   (pʊt an o puran) ***la t puede sonar en algunas ocasiones como r cuando se habla en velocidad normal cuando se unen en ciertas oraciones estructurales.**
Ejemplo de uso: Ponte el abrigo, hace frío afuera. -Put on your coat, it's cold outside.   -(put an your coat, its could)

Capítulo 16

Adjetivos y adverbios en inglés y su importancia

Los adjetivos y adverbios en este idioma son partes vitales del lenguaje y desempeñan un papel trascendental en la comunicación en inglés del día a día. A continuación, te muestro brevemente qué son y por qué es tan importante aprenderlos:

Los Adjetivos:

Los adjetivos son palabras que modifican o describen directamente a los sustantivos. Y como bien sabemos, los sustantivos son aquellas palabras que se utilizan para nombrar a personas, cosas, animales, lugares, ideas o conceptos etc. Los adjetivos Se suelen utilizar para dar información sobre algunas características, cualidades o propiedades de las personas, lugares, objetos o ideas.
Y eh ahí la importancia de los adjetivos, ya que son fundamentales para enriquecer y precisar la descripción de las expresiones, opiniones, cosas y sentimientos.
Aprenderlos te permitirá comunicarte de manera más efectiva y precisa en cualquier situación, ya que podrás expresar tus ideas con mayor detalle y utilizar un lenguaje más colorido y expresivo.
También son esenciales para comparar objetos o personas, formar comparativos y superlativos, y establecer relaciones de igualdad o desigualdad.
Sin más que decir, comencemos con los 20 adjetivos y su uso real.

Los 30 adjetivos más usados en inglés

1238. Feliz   -Happy– (japi)
Uso real: Ella siempre está feliz. - She is always happy. (shi algu-eis japi)

1239. Triste - Sad -– (sad)
 Uso real: Él parecía triste después de escuchar las noticias. -He looked sad after hearing the news. (ji luck sad afder jiring da nius)

1240. Valiente - Brave -   - (breiv)
 Uso real: El bombero fue muy valiente durante el rescate. The firefighter was very brave during the rescue. (di faierfaider gu-as veri breiv diuring da riskiu)

1241. Inteligente - Clever   - (clever)
Uso real: El estudiante encontró una solución inteligente al problema. The student came up with a clever solution to the problem. (di estuden keim ap gu-it a clever selushen tu da problem)

1242. Gracioso - Funny -   (fani)
Uso real: El comediante contó un chiste gracioso que hizo reír a todos ayer. The comedian told a funny joke that made everyone laugh yesterday. (di camedian tald a fani jock dad meid evriuan laf yesterdei)

1243. Amable   - Kind   - (kaind)
Uso real: Ella es una persona amable que siempre ayuda a los demás. -She is a kind person who always helps others. - (shi is a kaind persen ju olwu-eis jelps oders)

1244. Generoso   -Generous   - - (yenereus)
Uso real: Él donó una cantidad generosa de dinero a la caridad. -He donated a generous amount of money to the charity. (ji doneit e yeneres amaut af mani tu da cheriti)

1245. Honesto - Honest   - (janist)
Aprecio tu opinión honesta. -I appreciate your honest feedback. (ai aprishieit yuor janist fiidback)

1246. Educado -   Polite — (polait)
Uso real: El camarero fue educado y atento. -   The waiter was polite and attentive. (de weirer gu-as polait end atentiv)

1247. Amigable   - Friendly - (frɛndli)
Uso real: El nuevo vecino nos saludó con una sonrisa amigable. -The new neighbor greeted us with a friendly smile. (de niu neigborj griirid os gu-it e frendli esmail)

1248. Hermoso/a) - Beautiful - (biutɪfel)
Uso real: La puesta de sol sobre el océano fue hermosa. -The sunset over the ocean was beautiful. (da sunset ouver di oshian gu-as biutifel)

1249. Inteligente - Smart – (esmart)
Uso real: He is a smart student. Él es un estudiante inteligente. (ji is a esmart estiudent)

1250. Creativo/a - Creative - (krietivf)
Uso real: Ella tiene un enfoque creativo para resolver problemas.   She has a creative approach to problem-solving.   (shi jas e crietivf eprouch tu problem solving)

1251. Trabajador/a   -   Hardworking – (jard-gu-erking)
Uso real: El equipo mostró grandes resultados debido a su naturaleza trabajadora. The team showed great results due to their hardworking nature. Da tim shoud greit risults diu tu deir jard-gu-erking neshur)

1252. Paciente   -   Patient – (peishen)
Uso real: El médico fue paciente con sus pacientes. The doctor was patient with his patients. (si dacter gu-as peishent gu-it jis peishens)

1253. Confiable - Reliable – (rilaiebol)
Uso real: Ella es una amiga confiable que siempre cumple sus promesas. She is a reliable friend who always keeps her promises. (shi is e rilaiebol freend ju olgu-eis kiips jer promises)

1254. Responsable   - Responsible – (rispansebol)
Uso real: Él es un empleado responsable que siempre cumple con los plazos. He is a responsible employee who always meets deadlines. (ji is e rispansebol employi ju olgu-eis miits dedlains)

1255. Organizado/a   - Organized – (orgenaizd)
Uso real: Su espacio de trabajo siempre está ordenado y organizado.
 Her workspace is always neat and organized. (jer gu-erespeis is olgu-eis niit end orgenaizd)

1256. Energético/a - Energetic – (eneryetic)

Uso real: Los niños estaban llenos de energía y jugaron todo el día. The children were full of energy and played all day. (de shildren wu-er ful of eneryetic end pleyd ol dei)

1257. Tranquilo/a   - Calm –   (kalm)
Uso real: Ella se mantuvo tranquila en la cena.   -She remained calm at dinner. (shi rimaind kalm at diner)

1258. Seguro/a   -   Confident– (kanfident)
Uso real: Él es un orador seguro de sí mismo que cautiva al público.   -He is a confident speaker who captivates the audience. - (ji is e kandifident espiker ju captiv de oriens)

1259. Curioso/a   - Curious–   (kiʊeries)
Uso real: El niño tiene una mente curiosa y siempre hace preguntas. -The child has a curious mind and always asks questions. -(di shaild jas e kiʊeries maind end ol-gu-eis cuestion)

1260. Independent   - independiente – (ɪndɪˈpɛndənt)
Uso real: Ella es una mujer independiente que puede cuidar de sí misma. - She is an independent woman who can take care of herself. – shi is en indipendent gu-omen ju can teik kero f herself)

1261. Cálido/a Warm   - (woarm)
Uso real: - La habitación tenía una atmósfera cálida y acogedora. The room had a warm and cozy atmosphere. (di rum jad a wuarm end cosi atmosfir)

1262. Ambicioso/a -   Ambitious - (æmˈbɪshes)
Uso real: He has ambitious goals for his career. Él tiene metas ambiciosas para su carrera. (ji jas aembishes gouls for jis cariier)

Adverbios

Los adverbios son aquellas palabras que cambian directamente a los verbos, adjetivos, a otros adverbios o incluso a frases completas. Y tienden a Indicar cómo, cuándo, dónde, en qué medida o de qué manera ocurre una acción especificada.

Por tanto, Los adverbios proporcionan información adicional sobre el verbo del que estamos hablando, el adjetivo o el adverbio al que se refieren, aportando detalles de tiempo, modo, lugar, frecuencia, cantidad, , entre otros elementos informativos.

Aprender los adverbios en inglés es fundamental para expresar precisamente la manera en que ocurren las acciones, describir la forma en que alguien habla o se mueve, indicar la frecuencia con la que algo sucede, entre otros aspectos interesantes.

Los adverbios también son clave para construir oraciones más complejas y coherentes en las conversaciones, ya que permiten agregar información relevante y hacer que tus expresiones sean más precisas y completas y naturales.

A continuación, los 30 adverbios más usados en la vida cotidiana en países angloparlante. (*Inglaterra – Estados Unidos)

Los 30 adverbios más usados en inglés

1263. Ahora   -Now – (nau)
Uso real: Él está ocupado ahora. He's busy right now.   (jis busi raigt nau)

1264. Hoy   -   Today –   (tedei)
Uso real: Tengo una reunión hoy. - I have a meeting today.   (i jaf e mitin tedei)

1265. Ayer   - Yesterday - (yesterdei)
Uso real: Fuimos al parque ayer. We went to the park yesterday. (gu-i gu-ent tu park yesterdei)

1266. Mañana   - Tomorrow –   (temarou)
Uso real: Te veré mañana. I will see you tomorrow. (ai gu-il sii you temarou)

1267. Aquí (Here) -.   (jiir)
Uso real: Por favor, siéntate aquí.   - Please sit here. (plis sit jiir)

1268. Allí -   There   - (der)
Uso real: La tienda está allí.   -The store is over there. - (da estor is ouver der)

1269. Lejos -Away — (egu-ei)
Uso real: Se mudó lejos de la ciudad. He moved away from the city (ji muv egu-ei fram da siti)

1270. Lentamente   - (Slowly) — (slouli)
Uso real: Caminó lentamente por la calle. -She walked slowly down the Street. — shi gu-ok eslouli daun de estriit)

1271. Rápidamente -Quickly - (kuɪkli)
Uso real: Terminó la carrera rápidamente. -He finished the race quickly. (ji finishd de reis kuikli)

1272. Mucho -   Much   -   (mash)
Uso real: Muchas gracias.   -Thank you very much. (tenkiu veri mash)

1273. Poco -   Little — (lirol)
Uso real: Le queda poco dinero. (He has little money left.) /ˈlɪtəl/

1274. Muy -   Very   - Ella es muy talentosa.
Uso real: She is very talented.   (shi is veri taelentid)

1275. Demasiado   -Too) — (tuu)
Uso real: El agua está demasiado caliente. -The water is too hot. (de gu-arer is tuu jat)

1276. Siempre   -Always — (olgu-eis)
Uso real: Él siempre llega a tiempo. - He always arrives on time. (ji olgu-eis arraivs on taim)

1277. Nunca   -Never — (never)
Uso real: Nunca como mariscos. I never eat seafood. (ai never iit sifud)

1278. A veces - Sometimes — (samtaims)
Uso real: A veces salgo a pasear por la tarde. - Sometimes I go for a walk in the evening. (samtaims ai for e gu-ok in da ivining)

1279. Frecuentemente - Frequently - (frikuəntli)

Uso real: Ella viaja frecuentemente por trabajo. -   She frequently travels for work. (shi frikuəntli travels

1280. Apenas   - Hardly – (jardli)
 Uso real: Apenas puedo escuchar lo que estás diciendo. (I can hardly hear what you're saying (ai can jardli jear gu-at your seign)

1281. Bien   -Well   – (gu-el)
Uso real: Ella canta bien.   -She sings well. (shi sings gu-el)

1282. Rápidamente (Quickly)
Uso real: Resolvió el rompecabezas rápidamente. - She solved the puzzle quickly. (shi solvd di puzel cuikli)

1283. Repentinamente - Suddenly -   (sadenli)
Uso real: El teléfono sonó repentinamente.   -The phone rang suddenly. (de foun rang dadenli)

1284. Casi - Almost) – (olmoust)
Uso real: Casi hemos llegado.   - We're almost there. (gu-er olmoust der)

1285. Suficiente   -Enough   – (inaf)
Uso real: Eso es suficiente comida para todos. -That's enough food for everyone.- (dads inaf fud for evriguan)

1286. Realmente   - Really – (rieli)
Uso real: Él es realmente bueno tocando el piano. -He is really good at playing the piano. (ji is rieli guud at pleying)

1287. Bastante -   Quite   –   (kuait)
Uso real: El café está bastante caliente. (The coffee is quite hot. (de cofi is kuait jat)

1288. Solo   -(Only) –   (ounli)
Uso real: Ella es la única que sabe la respuesta. - She's the only one who knows the answer. – shis di ounli uan ju nous de anser)

1289. A menudo -   Often –   (ofen)
Uso real: A menudo salgo a pasear al parque. I often go for a walk in the park. (ai ofen go for a gu-ok in de park)

1290. Raramente -   Rarely – (rerli)
Uso real: Raramente sale por la noche.   -He rarely goes out at night. (ji rerli gos aut at naigth)

1291. Demasiado   - Too – (tu)
Uso real: La bolsa es demasiado pesada para llevar.   -The bag is too heavy to carry.   (di bag is tu jevi tu Kerry)

Capítulo 17

Expresiones idiomáticas

Las llamadas expresiones idiomáticas son dichos que tienen un significado completamente diferente a la traducción literal del conjunto de las palabras que componen dicha expresión u oración. Estas expresiones o dichos suelen ser propias de un idioma, y pueden resultar sumamente difíciles de comprender para quienes aprende inicialmente el idioma, ya que estas no siguen una regla de traducción como tal para saber realmente el significado por la combinación en cuestión.

La importancia de aprender estas expresiones idiomas radican en múltiples razones y te enlisto cuales:

- **Para una comunicación más natural:** este tipo de expresiones idiomáticas son ampliamente utilizadas en el lenguaje cotidiano de calle y en situaciones informales. Al conocerlas, podrás comunicarte de manera más natural y fluida, y entender mejor a los hablantes nativos. Muchas personas que suelen estudiar el idioma inglés, cuando se encuentran en conversaciones informales tienen problemas para entender, debido a que los nativos hablan informalmente en la calle y en la vida cotidiana, empleando expresiones de este tipo. Por lo que muchas personas se siente frustradas al no entender debido a este problema, de no saber el significado real de las combinaciones. Y suelen intentar traducir lo que han aprendido, pero fracasando por el motivo ya explicado.

- **Para Mayor comprensión de textos y conversaciones reales:** Mas allá de las conversaciones informales, muchas ocasiones, los hablantes nativos también utilizan expresiones idiomáticas en textos escritos, películas o canciones. Si conoces estas expresiones, podrás comprender mejor el significado general y captar matices y connotaciones que podrían escapar si tratas de traducir literalmente.

- **Para Expresarse con ideas más efectivas y claras:** Las expresiones idiomáticas por lo regular concentran ideas complejas en una sola frase u oración dicha, permitiendo transmitir significados más precisos y expresivos. Añadirlas a tu vocabulario, te ayudará a enriquecer tu lenguaje y a expresar tus ideas de manera más efectiva y natural como si de un nativo se tratase.

- **Para integrarse culturalmente:** Y es que más allá de ser un tópico importante que aprender para dominar un idioma, Las expresiones idiomáticas reflejan la cultura, la historia y las costumbres de una comunidad. Al memorizarlas y entenderlas, también estamos sumergiéndonos en la cultura angloparlante, lo que te permitirá entender mejor el contexto y las referencias culturales en diferentes situaciones de la vida real.

Las 15 expresiones idiomáticas más usadas en inglés

Manera de estudiarlo:

En Español   En Inglés   (como pronunciar la palabra o expresión)

1292. ¡Buena suerte!   - Break a leg – (breɪk e lɛg)
Significado: Se usa para desear buena suerte a alguien, especialmente antes de una actuación o presentación, para que le vaya bien.
Ejemplo de uso en la realidad: ¿Te presentas esta noche? ¡Buena suerte!
"You're performing tonight? Break a leg!" (your performing tunait? Breik e leg)

1293. Está lloviendo a cántaros.   -It's raining cats and dogs – (ɪts ˈreɪnɪ kæts aend dags)
Significado: Se utiliza para describir una lluvia muy intensa y fuerte.
Ejemplo de uso en la realidad: No podemos salir, ¡está lloviendo a cántaros!
"We can't go outside, it's raining cats and dogs!" (gu-i cant gou autsaid, its reining cats end dags)

1294. Pan comido - Piece of cake   - -   (pis of keɪk)
Significado: Algo muy fácil de hacer, lograr o llevar a cabo.
Ejemplo de uso en la realidad: El examen fue pan comido. -"The exam was a piece of cake." – (di ekxam gu-as e pis of keik)

1295. Costar un ojo de la cara - Cost an arm and a leg - (kast æn arm ænd e leg)
Significado: Ser muy caro o costoso.
Ejemplo de uso en la realidad: Ese auto de lujo debe haberle costado un ojo de la cara. -"That luxury car must have cost him an arm and a leg." (dad lukxuri car mast jaf cast jima n arm end e leg)

1296. Hit the nail on the head (Dar en el clavo) - /hɪt ðə neɪl ɒn ðə hɛd/
Significado: Decir algo acertado, exacto o correcto.
Ejemplo de uso en la realidad: Diste en el clavo con esa observación. -"You hit the nail on the head with that observation." (yiu jit de Neil on da jed gu-it dad obsirveishen)

1297. Romper el hielo - Break the ice - (breɪk də aɪs)
Significado: Aliviar la tensión inicial en una situación social o situacion.
Ejemplo de uso en la realidad: Contó un chiste para romper el hielo en la fiesta. -He told a joke to break the ice at the party." (ji told e yock tu breik de ais at di pari)

1298. Kill two birds with one stone (Matar dos pájaros de un tiro) – (kɪl tu: be:rdz wu-it uan estoun)
Significado: Lograr dos cosas al mismo tiempo o con una sola acción rápida.
Ejemplo de uso en la realidad: Estudiando en el autobús, puedo matar dos pájaros de un tiro.   -"By studying on the bus, I can kill two birds with one stone." (bai estudin on da bus, ai can kil tu bers gu-it uan eston)

1299. Soltar la sopa   -Spill the beans –– (spɪl də bi:nz)
Significado: Revelar un secreto o información confidencial sobre un asunto.
Ejemplo de uso en la realidad: Sin querer, soltó la sopa sobre la fiesta sorpresa. -"He accidentally spilled the beans about the surprise party."

1300. Revelar un secreto -Let the cat out of the bag – (lɛt də kæt aʊt of də bæg)
Significado: Revelar algo que debería haberse mantenido en secreto.
Ejemplo de uso en la realidad: No puedo creer que hayas revelado el secreto de la sorpresa. - "I can't believe you let the cat out of the bag about the surprise." -.

1301. La pelota está en tu tejado   - The ball is in your court - (də bɒl ɪz ɪn your kart)
Significado: Es tu turno de tomar una decisión o de actuar.
Ejemplo de uso en la realidad: "I've given you all the information, so now the ball is in your court." (Te he dado toda la información, así que ahora la pelota está en tu tejado.)

1302. Un mal necesario   -A blessing in disguise - (e ˈblɛsɪŋ ɪn dɪsgaɪz)
Significado: Algo que parece malo, pero que al mismo tiempo resulta beneficioso a largo plazo o despues.

Ejemplo de uso en la realidad: Perder mi trabajo resultó ser un mal necesario; encontré una mejor oportunidad. -"Losing my job turned out to be a blessing in disguise; I found a better opportunity." -

1303. No despiertes al perro que duerme - Let sleeping dogs lie - (lɛt ˈsli-pɪŋ daɡz laɪ)

Significado: no meterse o provocar problemas innecesarios.
Ejemplo de uso en la realidad: Es mejor no provocar problemas innecesarios y evitar confrontaciones. -"It's best to let sleeping dogs lie and avoid confrontations."

1304. Los hechos hablan más que las palabras. - Actions speak louder than words. – (aekshen espiːk ˈlaudər dæn wueːrdz)

Significado: siempre Lo que haces es más importante que lo que dices o hablas.
Ejemplo de uso en la realidad: En lugar de solo disculparte, demuestra que lo sientes. Los hechos hablan más que las palabras. - "Instead of just apologizing, show that you're sorry. Actions speak louder than words."   -

1305. Camarón que se duerme se lo lleva la corriente - "Shrimp that falls asleep is swept away by the current." (shrimp dad falsa slip is suept agu-ei bai da kerret)

Significado: significa que, si una persona se descuida o no está atenta en lo que hace o en algún asunto, puede perder oportunidades o enfrentar consecuencias negativas al momento o en el futuro.

Capítulo 18
Sintaxis básica de las oraciones en inglés.

Casi siempre la sintaxis básica de las oraciones en inglés sigue una estructura totalmente establecida conocida como: Sujeto+Verbo+Objeto. Acontinuacion tienes una explicación resumida de cada elemento que la compone:

El Sujeto: El sujeto es la persona, cosa o entidad que realiza la acción del verbo o que se describe en la oración. Y por lo general, se encuentra al principio de la oración o expresion.
Ejemplo: "He" (El), (el) "The cat" (El gato), "My friends" (Mis amigos) "my mom" (mi mama) etc…

Verbo: El verbo siempre será la palabra que indica la acción realizada por el sujeto. Y suele ser el núcleo de la oración.
Ejemplo: "runs" (corre), "is" (es), "played" (jugó), "work" (trabaja)…

Objeto: Por lo regular, El objeto de una oración es la persona, cosa o entidad que recibe la acción del verbo directamente. Puede ser un objeto directo o indirecto. Veamos:
Ejemplo de objeto directo: "a book" (un libro)   -"the ball" (la pelota),
Ejemplo de objeto indirecto: "to Henry" (a Henry)   -"to him" (a él),

La estructura simplificada básica de una oración en inglés siguiendo la sintaxis SVO es: Sujeto + Verbo + Objeto.
Ejemplo práctico: "He (sujeto) plays (verbo) the piano (objeto)."

Es importante a tener en mente, que esta es solo una estructura básica en inglés, y que puede haber múltiples variantes en la sintaxis según el tipo de oración que se emplee, los complementos, etc. También es posible que algunos elementos puedan excluirse o reordenarse en situaciones determinadas.

Es, por tanto, estudiar y practicar diferentes tipos de oraciones y estructuras gramaticales para desarrollar una comprensión más completa de la sintaxis en inglés. Pero eso se dará paulatinamente, no te esfuerces en aprender la regla de memoria. Hazlo después que aprendas de memoria todo el vocabulario más importante expuesto en esta guía.

El Uso de pronombres en inglés, adjetivos, sustantivos y adverbios en distintos contextos:

El uso de pronombres en inglés es importante para reemplazar sustantivos y evitar repetir palabras una y otra vez y hacer cansina una conversación. A continuación, veamos simplificadamente los ejemplos de cada una de ellas:

Los Pronombres: Los pronombres se utilizan en lugar de los sustantivos para llamar a personas, lugares, ideas, cosas, , etc. Los pronombres principales que se suelen usar son: "He" (Él), "She" (Ella), "It" (Él/ella, se usa para objetos y animales), "we" (nosotros/nosotras), "they" (ellos/ellas), , y "you" (tú/usted/ustedes).
Ejemplo: "He is my brother." (Él es mi hermana.) - En este caso, "He" reemplaza el sustantivo "sister".

Los Sustantivos: En cambio a los pronombres, Los sustantivos son palabras que se utilizan para referirse a personas, lugares, ideas o cosas. Pueden ser sustantivos singulares (como "car" - carro) o sustantivos plurales (como "cars" - carros). Los sustantivos pueden ser el sujeto de una oración escrita o hablada, el objeto directo o indirecto, o formar parte de una frase preposicional.
Ejemplo: "The mouse is on the table." (El ratón está sobre la mesa.) - En este caso, "mouse" es el sustantivo que funciona como sujeto de la oración, mientras que "table" es el sustantivo que forma parte de la frase preposicional "on the table".

Adjetivos: En el caso de Los adjetivos, suelen ser utilizados para describir o modificar directamente sustantivos, añadiendo información sobre sus características, cualidades etc. Los adjetivos generalmente preceden al sustantivo al que modifican. **Veamos un ejemplo:**
Ejemplo: "They have a beautiful house." (Ellos tiene una casa hermosa.) - En este caso, "beautiful" es el adjetivo que describe el sustantivo "house".

Los Adverbios: En el caso de Los adverbios se utilizan para modificar o describir a los verbos, adjetivos u otros adverbios, proporcionando información sobre tiempo, modo, lugar, frecuencia, etc. Hay que añadir que Los adverbios en inglés generalmente terminan en "-ly".
Ejemplo: "She runs quickly." (Ella corre rápidamente.) - En este caso, "quickly" es el adverbio que describe la manera en que él corre.

Es importante tener en mente, que la ubicación y el uso correcto de los sustantivos, pronombres, adverbios, adjetivos pueden variar según el contexto gramatical que se use. Practicar a diario con ejemplos y frases ayudará a acostumbrarte con su uso correcto a desarrollar una comprensión una mejor comprensión de la gramática inglesa.

Los tiempos verbales

La formación y uso de diferentes tiempos en inglés es vital para expresar acciones en diferentes momentos y comunicarte más natural. A continuación, te explico de manera sintetizada los tiempos verbales más comunes y usados y la importancia de aprenderlos:

El Presente Simple: Se suele utilizar para describir acciones de la vida diaria, verdades generales y estados existentes inmutables.

Ejemplo: Yo ceno todos los días en las tardes.   I eat dinner every day in the evenings.- Se refiere a una acción habitual que ocurre a diario.

El Presente Continuo: Es comúnmente utilizado para expresar acciones en progreso en el momento presente de una acción.

Ejemplo: "He is studying for her exam rigth now." (Él está estudiando para su examen ahora mismo.) – Como lo muestra la misma oración, Indica una acción en progreso en el momento presente.

El Pasado Simple: Se emplea para hablar de acciones o eventos que ocurrieron en el pasado y se completaron en ese momento exacto.

Ejemplo: " Visitamos Alemania el año pasado. We visited Germany last year. - Se refiere a una acción pasada y completa hace tiempo.

Pasado Continuo: Se suele emplear para hablar de acciones en progreso en un momento específico del pasado.

Ejemplo: "I was watching a movie when the power went out." (Estaba viendo una película cuando se fue la luz.) - Como te puedes dar cuenta, Describe exactamente una acción en progreso que sucedió en un momento específico en el pasado.

Futuro Simple: Se utiliza para hablar de acciones que ocurrirán en el futuro.

Ejemplo: "She will travel to China next month." (Ella Viajara a China el próximo mes.) - Indica una acción que sucederá en el futuro cercano.

Futuro Continuo: Se suele utilizar para hablar de acciones que estarán en progreso en un momento específico en el futuro.

Ejemplo: "At this time tomorrow, I will be flying to México." (A esta hora mañana, estaré volando a México.) - Enuncia una acción en progreso en un momento específico en el futuro.

Presente Perfecto: Siempre se emplea para hablar de acciones que ocurrieron en el pasado, pero que tienen relevancia en el presente.

Ejemplo: "I have seen that cartoon before." (He visto esta caricatura antes.) — Claramente, Indica una experiencia pasada con importancia en el presente.

Pasado Perfecto: Lo utilizamos para hablar de una acción que ocurrió antes de otra acción en el pasado.

Ejemplo: "He had already finished her homework when her father called." (Él ya había terminado su tarea cuando su padre llamó.) - Muestra que la acción de terminar la tarea ocurrió antes de la llamada.

Dominar los diferentes tiempos verbales en inglés es esencial para una comunicación efectiva y precisa. Cada momento tiene su propio propósito y cubre diferentes aspectos temporales. Al aprenderlos, podrás expresar con precisión acciones pasadas, presentes y futuras, y comunicar información de manera clara, natural y coherente.

Capítulo 19

Tips para aprender más rápido inglés

A continuación, te doy los consejos más importantes para que avances más rápidamente en tu viaje a dominar el inglés:

Practica todos los días: En ciertas ocasiones es difícil tener un tiempo de calidad para practicar, pero la clave para aprender este idioma rápido es practicarlo todos los días, especialmente hablarlo. Puedes realizar ejercicios de conversación, hablar con hablantes nativos o incluso practicar frente al espejo para que vayas agarrando naturalidad en tus expresiones.

Amplía tu vocabulario: Aprende nuevas palabras y frases en inglés siempre será el combustible necesario para dominar este idioma. Al aprenderlas trata de usarlas en todo momento, especialmente en sus conversaciones cotidianas. Esto te ayudará a expresarte de manera más precisa y fluida.

Escucha activamente a diario: Trata de escuchar atentamente a hablantes nativos de inglés, ya sea a través de programas de televisión, podcasts, películas, o canciones. Presta sumamente atención a la pronunciación, la entonación y fluidez de los hablantes.

Observa los patrones gramaticales: Evidentemente conocer la regla lleva tiempo, pero como dije antes, no es fundamental para aprender este idioma, pero te ayudara si Presta atención a los patrones gramaticales y estructuras de las oraciones en inglés. Esto te ayudará a formar oraciones más rápidamente y sin tener que pensar demasiado. Y cuando menos pienses se hará natural en ti pensar de esa manera.

Haz intercambios de idiomas: Trata de encontrar un compañero de intercambio de idiomas con quien puedas practicar inglés fluidamente. Puedes conversar en inglés durante cierto tiempo y luego cambiar al idioma nativo de tu compañero para que ambos puedan practicar y aprendan mutuamente. Esta manera es una de las mejores.

No temas cometer errores: No trates de ser perfeccionista al inicio. Acepta que cometer errores es parte del proceso de aprendizaje, es parte de. No te preocupes por los errores y sigue hablando en inglés con confianza sin miedo al que dirán. Aprende de tus errores y úsalos como oportunidades para mejorar.

Sumérgete en el idioma en todo momento: Sumérgete en el entorno del idioma inglés tanto como sea posible, ya que es la mejor manera de que tu cerebro cree las conexiones para que se quede para siempre en tu mente este idioma. Si está en tus posibilidades intenta viajar a países de habla inglesa, únete a grupos de conversación en inglés o participa en actividades relacionadas con el idioma.

Practica la pronunciación: Trabaja en mejorar tu pronunciación y entonación para sonar natural. Escucha y repite palabras y frases en inglés, cuidando en todo momento prestar atención a los sonidos y ritmos del idioma. Puedes ayudarte de aplicaciones de pronunciación o materiales en línea.

Lee en voz alta: Lee textos en inglés en voz alta para practicar tu fluidez, entonación y pronunciación, Puedes leer libros, revistas, periódicos, o cualquier otro material que sea de tu interés.

Sé paciente y persevera: Aprender a hablar con fluidez en otro idioma lleva tiempo y esfuerzo. Tienes que ser paciente contigo y no desanimarte. Sigue practicando y mantén una actitud positiva hacia tu proceso de aprendizaje.

Graba tu voz: Puedes Utilizar una aplicación de grabación para registrar tu voz mientras hablas en inglés para ir mejorando tu habla. Una vez que hayas grabado tu voz, escucharás la grabación y la comprarás con la pronunciación de hablantes nativos. De esta manera Identificarás las áreas en las que puedes mejorar y trabaja en ellas.

Ejemplo: Primero escucha una grabación de un hablante nativo diciendo una frase como: "How are you today?" (¿Cómo estás hoy?). Entonces lo que harás tu es Repetir la frase imitando su pronunciación lo mejor posible, entonación y ritmo.

Recuerda que la práctica regular y la paciencia son clave para mejorar, dominar y hacer de ti las ingles un idioma para siempre.

Muchas gracias.
Profesor: Roger Sinclair At
2023